Inhalt

Vorwort

Jeder von uns ist ein Psychologe – irgendwie. Das Verhalten anderer Menschen, ihre Gefühle und ihr Denken reizen unsere Neugier, lassen uns nach Gründen dafür forschen und Schlussfolgerungen ziehen. Im Laufe unseres Lebens verdichten sich die gesammelten Erkenntnisse über unsere Mitmenschen zu einem alltagspsychologischen Wissen, das wir im Sinne von Lebenserfahrung auch an andere weitergeben. Unsere „Laienpsychologie“ ist dabei geprägt vom gesunden Menschenverstand. Gute Menschenkenner verfügen über intuitive psychologische Kenntnisse, mit deren Hilfe sie schnell und treffend Urteile fällen können – Respekt vor ihrer psychologischen Kompetenz ist also durchaus angebracht. Allerdings: Die Alltagspsychologie ist von den (intuitiven) Fähigkeiten des Einzelnen abhängig und die Erkenntnisse werden nur zufällig erworben und bleiben subjektiv. Aus Einzelbeobachtungen werden oft nicht zulässige Verallgemeinerungen abgeleitet, die zudem nicht überprüft sind.
Die erfahrungswissenschaftliche (empirische) Forschung gibt dagegen abgesicherte Antworten auf Fragen nach dem Verhalten und Erleben des Menschen: Wie entwickeln sich Sprache und Denken? Gibt es eine pubertäre Krise? Was ist „Persönlichkeit“? Wie funktionieren unsere Wahrnehmung, unser Gedächtnis und Lernen? Worin liegen unsere menschlichen Möglichkeiten und Grenzen? Wodurch kommt es zu psychischen Erkrankungen, und wie äußern sie sich? Mit welchem Menschenbild ist die Wissenschaft Psychologie in ihrer Geschichte an ihren Gegenstand, den Menschen, herangegangen, welche unterschiedlichen Erkenntnisse ergaben sich daraus? Was hat es mit Freud und den Träumen auf sich?
Natürlich kann hier nur ein kleiner Ausschnitt aus dem gesamten Spektrum der facettenreichen Wissenschaft wiedergegeben werden. Einzelne Bereiche, etwa Emotion, Kreativität, Kommunikation, mussten ausgeklammert bleiben. Trotzdem zeigt sich eine erstaunliche Vielfalt in den Antworten der Psychologie auf die Frage: Was ist der Mensch?

Wie wir werden und was wir sind

Ein neuer Mensch erringt sich Sprache

Fallbeispiel: Das Mädchen Genie
Auf der Suche nach den Wurzeln der Sprache oder der Ursprache der Menschheit – Hebräisch, Griechisch, Latein oder Arabisch – wurden immer wieder ethisch sehr fragwürdige Experimente durchgeführt: So ließ angeblich Kaiser Friedrich II. (1212-1250) Neugeborene völlig isolieren. Die ihnen zugewiesenen Ammen hatten lediglich die Aufgabe, ihnen Milch zu geben, sie zu baden und zu waschen; auf keinen Fall aber durften sie mit ihnen sprechen. Die Kinder sollen alle gestorben sein.
Ein ähnlicher Fall liegt bei dem Mädchen Genie vor. Erkrankungen und ein verwahrlostes Elternhaus führten dazu, dass es seine Kindheit angebunden in einem winzigen Raum verbrachte, von der Mutter nur mit dem Notwendigsten versorgt. Es wurde wohl weder mit ihm gesprochen, noch durfte es sich durch Laute bemerkbar machen. Als Vierzehnjährige 1971 aus diesen Verhältnissen befreit, konnte Genie nicht aufrecht stehen, war nicht sauber, konnte nicht essen, gab keine Laute von sich und vermochte weder zu lachen noch zu weinen.
Die bei den Pflegeeltern schnell eingetretenen Fortschritte sind besonders auch für die Sprachentwicklung interessant: Genies Sprachverständnis wuchs schnell, auch begann sie einzelne Wörter zu sprechen. Trotz eines gezielten Sprachunterrichtes konnte sie aber nicht mehr eine „normale“ Sprache erwerben: Die Fähigkeit, spontan zu sprechen, blieb stark beeinträchtigt, grammatische Strukturen konnte sie nur ansatzweise entwickeln, während sich der Wortschatz gut erweiterte. Dies wurde als Beleg dafür herangezogen, dass es nach einer „kritischen Phase“, die etwa mit der Pubertät endet, nicht mehr möglich ist, eine Sprache in der Qualität einer Muttersprache zu erwerben.

Der Mensch ist nicht nur deshalb so einzigartig, weil er als einziges Lebewesen über eine komplexe und ausdifferenzierte Sprache – also ein System von Lauten und Zeichen, die nach bestimmten Regeln miteinander verbunden sind – verfügt. Er ist deshalb einzigartig, weil er die Sprache als Instrument zu vielfältigen Zwecken nutzt:

- zum Austausch von Informationen,
- zur Beschreibung von Geschehnissen,
- zum Ausdrücken von Gedanken und Gefühlen,
- zum Nachdenken und Überlegen
- und nicht zuletzt zur Speicherung und Weitergabe von Wissen und Traditionen und
- zur Organisation des gesellschaftlichen Lebens,

gleichgültig, ob dies in mündlicher oder in schriftlicher Weise geschieht. Der Mensch wird durch die Sprache gewissermaßen erst zum Menschen.

Sprache ist ein Werkzeug zur Weltbewältigung.

Mit dieser Sonderstellung des Menschen wird eine zentrale Frage aufgeworfen: Inwieweit sind über die auch physiologisch bedingte Sprachfähigkeit (Mundgröße, Art der Muskeln im Mundraum, Kehlkopf; Gehirnentwicklung) hinaus sprachliche Strukturen angeboren, inwiefern entwickelt sich Sprache in einer universellen Weise. Belege dafür sind, dass die über alle Sprachen hinweg verwendeten Konsonanten und Vokale von allen Kindern in der gleichen Reihenfolge ausgebildet werden und jede Sprache syntaktische Strukturen und grammatische Morpheme aufweist.
Vor allem CHOMSKY, der amerikanische Linguist, ging davon aus, dass Kinder über einen angeborenen Schematismus verfügen, durch den sie die Grammatik konstruieren und sprachliche Erfahrungen verarbeiten („Universalgrammatik“). Mit dieser Fähigkeit können alle Sprachen der Erde ausgebildet werden, das Kind wählt in einem konstruktiven Lernprozess lediglich die Systeme aus, die es für seine Umwelt benötigt; andere werden unterdrückt.
Allerdings darf der Spracherwerb nicht abgekoppelt von den gleichzeitig ablaufenden Fortschritten in den Bereichen der Motorik, der Wahrnehmung und des Denkens gesehen wer-

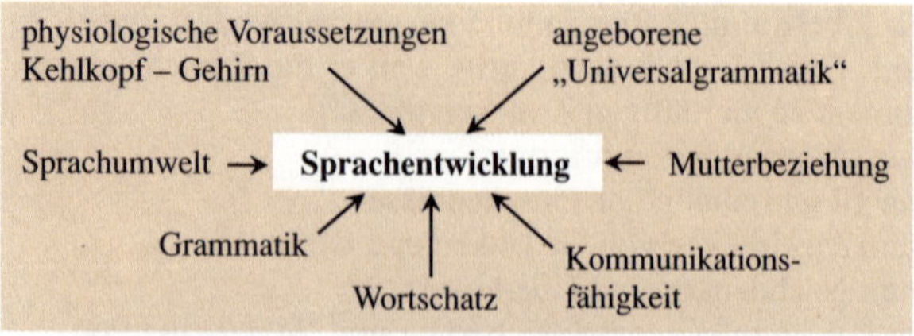

den. Besonders zwischen Sprache – Entwicklung der Syntax – und Denken – Ausbildung des operationalen Denkens (siehe S. 19) – ist ein enges Wechselverhältnis feststellbar – auch wenn Denken nicht an Sprache gebunden sein muss. So ermöglichen kognitive Fähigkeiten die Sprachentwicklung, wie sprachliche Strukturen wiederum Einfluss auf den Erwerb kognitiver Strukturen haben.

Whorf ging beispielsweise davon aus, dass Sprache und grammatikalische Strukturen das Weltverständnis, z.B. die Auffassung von Raum und Zeit, mit bestimmen („linguistische Relativität“). Aufgrund der unterschiedlichen grammatischen Strukturen wird die Welt also gedanklich verschiedenartig erfasst und sie bestimmen auch die Grenzen des Denkens („linguistischer Determinismus“). Mit der Sprache wird die Weltsicht der Sprachgemeinschaft erworben – so gibt es in nordischen Sprachen viele unterschiedliche Wörter für Schnee, eine Betrachtung der Umwelt, die einen Sizilianer fremd anmuten dürfte.

Wie eng der Zusammenhang zwischen Sprache und Denken ist, kann auch am Beispiel des inneren Verbalisierens oder lauten Denkens belegt werden. Im Gegensatz zu Vorstellungsbildern, die sich wieder verflüchtigen, können durch Sprache Bilder schnell wieder verlebendigt und Denkprozesse vorangetrieben werden. Sprache erweitert damit auch das Gedächtnis und die Fähigkeit, Schlussfolgerungen zu ziehen und Urteile zu fällen.

Jenseits der angeborenen Möglichkeit zur Sprache benötigen Kinder einen Gesprächspartner, um die Anlage ausprägen zu können.

SPRACHE	inneres Sprechen	DENKEN
grammatische Strukturen	⟵⟶ Erinnern Urteilen	Erfassen der Welt
Wortschatz		Sicht der Welt

Mit dem Spracherwerb werden nicht nur Wörter und Grammatik erworben, sondern auch ein Wissen darüber, in welchem sozialen Zusammenhang auf welche Weise wem etwas gesagt oder verschwiegen werden kann (kommunikative Kompetenz). Dazu gehört auch, ein umfangreicheres Gespräch zu beginnen, fortzuführen und zu beenden, wozu Kinder erst nach dem vierten Lebensjahr fähig werden.

Durch Sprache drücken wir die Qualität der Beziehung zu unseren Mitmenschen aus.

Mutter und Bezugsperson

Zentral für den Spracherwerb ist vor allem die Beziehung zwischen Mutter oder einer anderen Bezugsperson und Kind: Ein intensives und nahes Verhältnis wirkt sich besonders förderlich auf die Bereitschaft, Sprache zu lernen, aus. Schon vor der Entwicklung der eigentlichen Sprache herrscht zwischen beiden ein ständiges Wechselspiel, bei dem das Kind genauso aktiv wie die Mutter ist: Das Kind reagiert auf Anschauen, Lächeln und Sprechen der Mutter, so wie die Mutter auf Bewegungen, Schreien oder Wegschauen des Kindes antwortet. Früh kommt dem gemeinsamen Betrachten von Gegenständen, bei dem der Blick des Kindes dem der Mutter folgt, dem Nehmen und Geben von Gegenständen, das später in Rollenspiele mündet, sowie dem Nachahmen der kindlichen Laute und Mimik eine große Bedeutung zu. Dadurch, dass die Mutter den Äußerungen ihres Kindes einen Sinn beimisst, beginnt das Kind diese immer wieder zu wiederholen und für sich einen Sinn des Gesagten zu konstruieren. Es vermag zwischen sich und anderen zu unterscheiden und Personen, Dinge und Handlungen zu benennen.

Sprachentwicklung ist die Fortsetzung des gemeinsamen Handelns von Mutter und Kind.

Dabei scheint die Art und Weise, wie Eltern oder auch Kinder auf Babys eingehen, universell verbreitet zu sein. Unter ***Motherese*** (Ammensprache) versteht man ein Gesprächsverhalten, bei dem die Bezugsperson des Kindes, meist unbewusst

- langsam,
- betont,
- in kurzen und grammatikalisch einfachen Sätzen
- mit längeren Pausen und
- mit einem einfachen Wortschatz spricht sowie
- sich auf die direkte Umgebung des Kindes bezieht.

Ein weiteres Charakteristikum sind häufige Wiederholungen und Lautkombinationen der Babysprache („Wauwau“, „Namam“). Das vereinfachte Sprechen ist dem Entwicklungsstand des Kindes angepasst und macht ihm die Strukturregeln der Sprache leichter nachvollziehbar. Auch werden die Äußerungen des Kindes aufgegriffen, berichtigt und ergänzt (Reformulierung und Expansion), so dass einerseits signalisiert wird, dass das Gesprochene verstanden worden ist, andererseits sich aber auch das Sprachverständnis des Kindes erweitern kann. Die Bezugspersonen werden zu nachahmbaren Modellen, zu Sprachlehrern, und durch das intensive sprachliche Eingehen auf das Kind wird die intensive persönliche Beziehung weiter gestärkt.

Die Phasen des Spracherwerbs

Folgende Phasen können unterschieden werden:
Die **vorsprachliche Phase** bis etwa zum Ende des ersten Lebensjahres beginnt mit dem Geburtsschrei als erste Lautäußerung eines Menschen, die das Einsetzen der Atmung signalisiert. Schon in den ersten Wochen nach der Geburt wird das Schreien vom Baby durchaus im Sinne einer Kommunikation dazu genutzt, unterschiedliche Bedürfnisse (Hunger) oder Unbehagen (Schmerz) auszudrücken. Gehen die

Mütter auf das Schreien ein, verringert es sich nicht nur, es fördert vielmehr auch die frühe Sprachentwicklung.
Die nach etwa sechs Wochen gebildeten ersten Laute („gr", „ah", „ae") sind bereits kulturabhängig („phonetischer Aspekt"). Ihnen folgen die ersten Vokale („a", „i", „u") und Konsonanten („g", „r", „b", „n"). Mit sechs Monaten beginnen erste Verdopplungen von Vokal-Konsonanten-Verbindungen („lala", „dada", „mimi"), die sich in der Folgezeit in Richtung Sprache entwickeln. Das Kind hört sich während der Lallmonologe nicht nur selbst und ahmt sich selbst nach, auch die Bezugspersonen und deren Sprechen werden imitiert. Dadurch, dass die Eltern wiederum das Lallen des Säuglings nachahmen, entsteht eine erste Form des Austausches. Nach acht Monaten beginnt das Kind zudem, die Rhythmik der Sprachmelodie (Prosodie) nachzuahmen. Wörter und Klang der Muttersprache werden zwischen dem 6. und 9. Monat klar erkannt.

> Schon vor dem ersten Wort hat das Kind sich in die Muttersprache eingelebt.

Der eigentliche **Beginn des Sprechens** ist in der ersten Hälfte des zweiten Lebensjahres anzusetzen. Das Kind verfügt nun über die notwendigen Sprachbausteine: Die von der Umwelt zielgerichtet verstärkten, also gelobten und damit belohnten, Lautbildungen gewinnen an Bedeutung („Benennalter"). Das Kind begreift, dass alles einen Namen besitzt. Im Austausch mit seinen Bezugspersonen lernt es, Beobachtungen und Wünsche in vieldeutigen Einwortsätzen (Holophrasen) mitzuteilen: So kann „Esse" nicht nur ein Nahrungsmittel bezeichnen, sondern Ausdruck von Hunger sein oder die Beobachtung, dass jemand Nahrung zu sich nimmt, weitergeben. Die zutreffende Bedeutung kann nur vor dem Hintergrund der Gesamtsituation und durch die mit dem Wort verknüpften Handlungen und Gesten erfasst werden.
Zudem gebrauchen Kinder Wörter in anderer Weise als Erwachsene: Von ***Bedeutungserweiterung*** oder Überdehnung spricht man, wenn ein Begriff zum Sammelbegriff für viele

Dinge ausgedehnt wird. So können mit „Hund“ alle Lebewesen bezeichnet werden, die das Merkmal aufweisen, vier Beine zu besitzen. Erst im weiteren Verlauf werden die Lücken im Wortschatz gefüllt, um die Umgebung nach immer spezifischeren Merkmalen ausdifferenzieren und benennen zu können. Unter ***Überdiskrimination*** versteht man, wenn ein Begriff für nur einen ganz speziellen Bereich gilt, mit „Stuhl“ also nur der kleine rote Kindersessel bezeichnet wird.

In kreativer Weise verfügen Kinder über eigene Wortbedeutungen, die sich von denen der Erwachsenen unterscheiden.

In einer **Übergangsphase** sind dann Wortketten feststellbar, wobei die später miteinander verbundenen Wörter aber noch durch eine Pause getrennt werden („Papa (Pause) Radl“).
Der Wortschatz wächst zunächst relativ langsam an, bis er mit knapp zwei Jahren einen deutlichen Schub erfährt: Als wichtige Schwelle wird die 50-Wort-Grenze angesehen, nach der das Wortgedächtnis sich neu organisiert. Grundsätzlich entwickelt sich das Sprachverständnis (passiver Wortschatz) schneller als die Sprachproduktion (aktiver Wortschatz): Kinder verstehen mehr von der Sprache ihrer Umgebung, als sie selbst auszudrücken vermögen.
Erste Zweiwortsätze können mit zwei Jahren gebildet werden – eine eigenständige sprachliche Leistung der Kinder. In ihnen kommt ein erstes Verständnis grammatikalischer Strukturen zum Ausdruck, da für die Wortkombinationen eine feste Wortstellung gewählt wird. Sie enthalten, wie bei einem Telegramm, nur das für die Bedeutung des Gesagten unbedingt Wichtige, was meist durch Nomen (70 %), Verben (12 %) und Adjektive ausgedrückt wird.
Im Laufe der weiteren Sprachentwicklung werden kurze Sätze, meist noch ohne Konjugation und Deklination, gebildet, die sukzessive zu grammatikalisch vollständigeren und korrekteren Sätzen ausgebaut werden. Mit etwa dreieinhalb Jahren werden über 1 200 Wörter beherrscht. Die Sprachfähigkeit wird noch bis weit in die Schulzeit verfeinert und differenziert.

Die Entwicklung des Denkens in der Kindheit

Das klassische Experiment: Der Drei-Berge-Versuch PIAGETS und INHELDERS
Auf einem viereckigen Brett wird ein Modell aus Pappmaché aufgebaut. Zu erkennen sind drei verschiedene Berge, die durch ein Gipfelkreuz, ein Häuschen und eine Schneekuppe unverwechselbar gekennzeichnet sind.
Dieses Modell und eine Puppe, die an verschiedene Stellen des Modells wandert, werden Kindern zwischen vier und zwölf Jahren gezeigt. Aufgrund von Bildern sollen sie die Perspektive herausfinden, die die Puppe von ihrem jeweiligen Standort aus sieht.
Während jüngere Kinder jeweils ein beliebiges oder das Bild auswählen, das ihrer eigenen Perspektive entspricht (***Egozentrismus***), gelingt es neun- bis zehnjährigen Kindern, die jeweilige Sichtweise der Puppe herauszufinden.

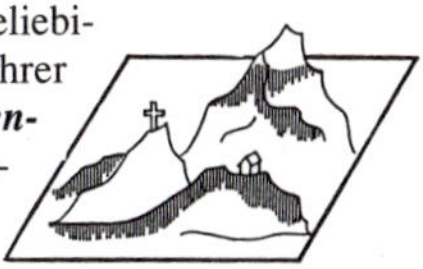

Um der Entwicklung des Denkens und Urteilens über den Lebenslauf hinweg auf die Schliche zu kommen, schlug PIAGET einen ungewöhnlichen Weg ein: Er konzentrierte sich nicht auf charakteristische Leistungen des jeweiligen Alters, sondern auf typische Fehler. Dabei stellte er fest, dass sich das Mengen-, Raum- und Zeitverständnis, das Erkennen von Zusammenhängen oder auch die sinnlichen Wahrnehmungen von Kindern, Jugendlichen und Erwachsenen in grundlegender Art und Weise unterscheiden. Während unserer Entwicklung zum Erwachsenen stehen uns ganz verschiedenartige Denkstrukturen zur Verfügung.

Kurzbiographie: JEAN PIAGET (1896-1980)
Der in Neuchâtel (Schweiz) geborene PIAGET zeigte schon früh ein ausgeprägtes naturkundliches Interesse: Als 15-Jährigem wird ihm nach Forschungen zu Schnecken, Muscheln und Weichtieren ein Posten als Museumskonservator angetragen, den er aber ausschlägt.
Nach dem Studium der Zoologie promovierte er entsprechend über die Weichtiere im Wallis. Schon bald aber wandte er sich in Zürich der experimentellen Psychologie, Psychiatrie und Tiefenpsychologie zu. Während eines Arbeitsaufenthaltes in Paris

wurde er auf die alterstypischen Denkfehler von Kindern aufmerksam; als Professor für Psychologie in Genf, Neuchâtel und an der Sorbonne in Paris begann er das kindliche Denken zu erforschen. Die Studien führte er vor allem auch an seinen drei Kindern Jacqueline, Lucienne und Laurent durch. Mit seinen Arbeiten gab PIAGET der Entwicklungspsychologie und der Pädagogischen Psychologie grundlegende Impulse.

PIAGETS Theorie der kognitiven Entwicklung, also der Vorgänge, durch die der Mensch Kenntnisse von sich selbst oder seiner Umwelt erhält, darf nicht auf die bekannten einzelnen Stufen der Entwicklung beschränkt werden. Letztlich will PIAGET erkennen, wie der Mensch sich an die Umwelt anpasst oder sich diese ihm passend macht, um die Auseinandersetzung mit ihr somit erfolgreich zu bewältigen. Diese Aneignung geschieht durch Assimilation und Akkomodation.
Von ***Assimilation*** spricht man, wenn Umwelteindrücke an schon vorhandene innere Denkstrukturen, ***Schemata***, angepasst werden, sie also in Übereinstimmung mit den bisherigen Erfahrungen gebracht werden. Trägt ein Kleinkind sein Schema „Mimi“ für alle Arten von Tieren an einen Elefanten heran, wird das vierbeinige Großtier in das gleiche bestehende kognitive Muster eingegliedert, in dem sich schon Katze und Hund befinden. Insofern verkörpert die Assimilation auch die Lernvergangenheit.
Mit ***Akkomodation*** hingegen wird der Prozess der Anpassung der Denkschemata an die Umwelt beschrieben. Wenn die bisherigen Schemata nicht mehr ausreichen, um etwas einzuordnen, wenn gewissermaßen ein inneres Ungleichgewicht entsteht, werden sie verändert oder durch neue Schemata ergänzt. Passen weder das Schema „Mimi“ noch das Schema „Papa“ auf den im Zoo gesehenen Affen, so kann das neue Schema „Aff“ gebildet werden. Damit wird deutlich, dass es sich um einen aktiven, selbstgestalteten Lernprozess handelt, der durch eine bewusste Auseinandersetzung mit der Umwelt stattfindet und zu einem Begreifen führt. Die unmittelbare Wahrnehmung tritt immer mehr zurück, dem Denken kommt eine immer größere Rolle zu.

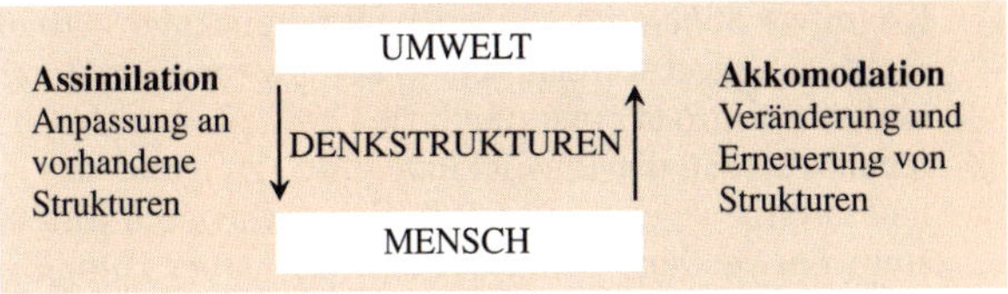

Assimilation und Akkomodation sind zwei sich wechselweise ergänzende Prozesse, durch die die kognitive Entwicklung vorangetrieben wird. Zuerst wird immer versucht, neue Umwelteindrücke in bestehende Schemata einzupassen. Kann so die Situation jedoch nicht bewältigt werden, gerät der innere Gleichgewichtszustand außer Balance. Da der Mensch bestrebt ist, sich mit seiner Umwelt in Einklang zu befinden, wird durch das Wechselspiel zwischen Assimilation und Akkomodation das Gleichgewicht wieder herzustellen versucht (***Äquilibration***). Dies führt zu einer ständigen Neuorganisation und höheren kognitiven Entwicklung, zu einer Qualitätsveränderung des Denkens. Weiterentwicklung im Denken setzt also eine gewisse Irritation und gedankliche Beweglichkeit voraus. Mit jedem neu hergestellten Gleichgewicht wird das System zudem auf einem höheren Niveau stabiler; die Äquilibration kann daher gewissermaßen als Ziel der Entwicklung angesehen werden.

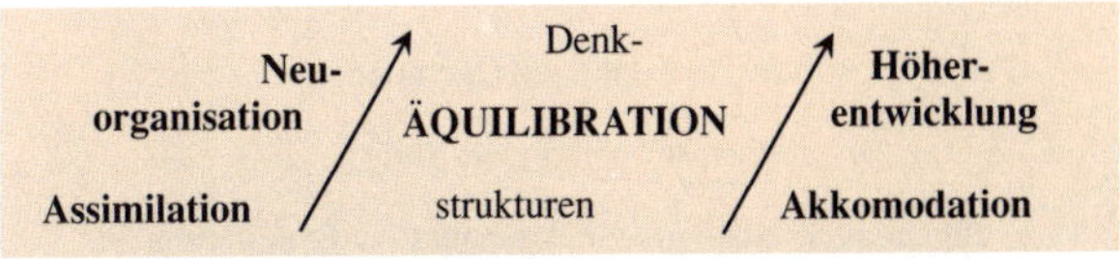

Der Prozess der Adaption mündet in immer neue kognitive Schemata. Sie sind Ausdruck der dem Menschen angeborenen Lernfähigkeit und der Fähigkeit zu strukturieren und zu ordnen: „Mimi sind vierbeinige Tiere“; „Aff ist ein menschenähnliches Tier mit Fell, aber ohne Sprache“; „Messer schneiden und können verletzen“; „Brummende, in der Luft fliegende Objekte sind Flugzeuge“.

Kognitive ***Schemata*** können auch miteinander verbunden und kombiniert werden, um so komplexere Strukturen zu bilden. So wird der ursprüngliche Greifreflex der Neugeborenen während der Entwicklung durch zielgerichtete Arm- und Greifbewegungen ersetzt. Ganz allgemein formuliert stellt Entwicklung damit den Aufbau immer komplexerer Strukturen dar, die auf Schemata beruhen.
PIAGET hat den Entwicklungsprozess des Denkens in Stufen untergliedert, während derer exemplarische Problemstellungen gelöst werden. Mit jeder bewältigten Stufe wird eine neue kognitive Qualität erlangt. PIAGET glaubte, dass alle Kinder die einzelnen Stufen in der gleichen Reihenfolge durchlaufen (Invariabilitätsannahme). Entsprechend ergibt sich daraus der Anspruch, dass nur die Denkleistung gefördert und gefordert werden kann, zu der die Kinder in ihrem Entwicklungsprozess und Entwicklungstempo fähig sind. Als entwicklungsfördernd wirkt eine „dosierte Diskrepanz", da sie über ***Akkomodationen*** zu neuen Strukturen führt.

Fördern von Kindern gelingt durch ein Infragestellen ihrer gewohnten Denkweisen.

DIE ENTWICKLUNG DES DENKENS

sensumotorische Stufe
↓
präoperationale Stufe
↓
Stufe der konkreten Operationen
↓
formal-operationale Stufe
↓
Jugendalter: qualitative und quantitative Erweiterung

Die sensumotorische Stufe

In dieser bis etwa zwei Jahre andauernden Phase werden die Wurzeln des Denkens gelegt. Beobachtbar ist, dass beliebige Gegenstände zu einfachen Handlungen wie Schütteln oder Werfen dienen; im Mittelpunkt steht also die Entdeckung des Zusammenhangs zwischen der Wahrnehmung eines

Gegenstandes und dem, was man mit dem Gegenstand tun kann. Diese von PIAGET untersuchte Stufe wird in sechs Stadien weiter untergliedert. Sie gehen vom

- Bestätigen der angeborenen Reflexe (Greifen; Saugen) und damit erster Schemata
- über einfache wiederholte Handlungen (primäre Kreisreaktion; z.B. Greifen nach einem Gegenstand; Saugen an der Flasche),
- aktive Wiederholungen, um immer wieder ein gleiches Ergebnis herzustellen (sekundäre Kreisreaktion; z.B. Greifen nach der Rassel, um sie zum Rasseln zu bringen),
- Verknüpfung mehrerer Schemata, um ein Ziel zu erreichen (Mittel-Zweck-Verknüpfung; z.B. Greifen, Werfen, Hinterherkrabbeln, Greifen der Rassel; Trinken aus der Tasse; ein Hindernis beiseite schieben, um an die versteckte Rassel zu kommen)
- und aktives Experimentieren (tertiäre Kreisreaktion; z.B. verschiedene Möglichkeiten des Werfens und Fangens der Rassel)
- bis hin zum entscheidend neuen Intelligenzakt der inneren Vorstellung in der Mitte des 2. Lebensjahres.

Neue Verhaltensweisen werden nun nicht mehr nur durch aktives Ausprobieren erlangt, sondern durch eine gedankliche Verinnerlichung. Das Kind kann, bevor es aufsteht und die Handlung durchführt, sich in Gedanken vorstellen, wie es die Schlegel in die Hand nimmt und auf die Trommel schlägt. Deutlich wird an den Beispielen, dass ein Schema auf dem anderen aufbaut. Das Kind erwirbt sich zudem die ***Objektpermanenz***: Es weiß, dass Dinge auch dann weiter existieren, wenn sie im Moment nicht sichtbar sind. Spätestens mit dem siebten Monat, wenn Kinder aktiv nach einem versteckten Gegenstand suchen, verfügen sie über ein inneres Bild davon.

Sensumotorische Stufe bis zwei Jahre	Wahrnehmung des Gegenstandes ↔ Handeln Objektperamanenz innere Vorstellung

Die präoperationale Stufe

Mittels der erworbenen Sprache kann das Kind zwischen dem zweiten und siebten Lebensjahr nun symbolisch denken. Allerdings bleibt es auf sinnliche Eindrücke und die Anschauung angewiesen: Das, was z.B. größer erscheint, wird auch als größer angesehen. Zudem sind die Kinder nicht zu einer „Konservierung" fähig. Ändert sich bei Zahlen, Flüssigkeiten, Maßen, Gewichten oder Volumen die Erscheinungsform, werden sie als verändert angesehen. Wird also beispielsweise Wasser aus einem hohen und schmalen Glas in ein breites und niedriges gegossen, kommen Kinder zu der Schlussfolgerung, dass in dem neuen Gefäß weniger Wasser ist oder mehr Wasser ist – je nachdem, ob von der Höhe oder der Breite des Gefäßes ausgegangen wird.

Es können nicht mehrere Aspekte gleichzeitig erfasst werden, so wie die Überführung des Wassers von einem Zustand in einen anderen nicht berücksichtigt wird. Jeder Zustand bleibt für sich alleine bestehen und wird für sich betrachtet. Das Denken ist also durch Zentrierung gekennzeichnet, durch die Konzentration der Aufmerksamkeit auf einen Gegenstand oder ein Merkmal. Daher werden Kinder von besonders ins Auge fallenden Gegebenheiten komplett gefangen genommen.

Die Haltung der Kinder ist zudem von einem kindlichen ***Egozentrismus*** gekennzeichnet. Sie sind nicht in der Lage, den Blickwinkel eines anderen Menschen zu übernehmen (s. das Experiment PIAGETS S. 13). Sie gehen selbstverständlich davon aus, dass der jeweils andere über das gleiche Wissen wie sie selbst verfügt. Entsprechend können sie sich in ihrem Handeln und Reden nicht auf die Verständnisebene des anderen einstellen, es sei denn, sie werden durch Widersprüche und Konflikte auf diese Sicht aufmerksam. Zu denken sei nur an Vorurteile gegenüber gesellschaftlichen Randgruppen, die bis ins Erwachsenenalter andauern können.

Auch zeigen Kinder ein ***animistisches Denken***, sie können nicht zwischen belebten und unbelebten Dingen unterscheiden, Naturgegebenheiten werden zu handelnden Subjekten:

Der Wind ist böse, wenn er die Blume umknickt; die Wolken winken beim Vorbeiziehen vom Himmel.

Präoperationale Stufe bis sieben Jahre	Angewiesensein auf die Anschauung Konzentration auf einen Aspekt (Zentrierung) Egozentrismus animistisches Denken

Die Stufe der konkreten Operationen

Bis etwa zum elften Lebensjahr können Kinder nun in Gedanken die wechselseitigen Beziehungen von Gegenständen und Sachverhalten erfassen. Sie können Hierarchien, Ober- und Unterklassen gruppieren und ein Klassifikationssystem erstellen – z.B. ein System verschiedener Hunderassen oder Fahrzeugarten. Mengen können in der richtigen Reihenfolge geordnet und dabei mehrere Aspekte, beispielsweise Größe und Farbe, berücksichtigt werden. Auch wird die Unveränderbarkeit von Mengen erkannt, selbst wenn diese anders angeordnet werden: So erkennt das Kind nun, dass die Menge in einem kleinen dicken Gefäß dieselbe wie in einem großen dünnen sein kann (Mengenerhaltung). Es entsteht eine Vorstellung von Zeit; Zahlen können erst addiert, später multipliziert werden.
Die Vorstellung wird somit teilweise unabhängig von der Wahrnehmung, sodass logische Aufgaben gelöst und Schlussfolgerungen gezogen werden können. Das egozentrische Denken verschwindet. Allerdings bleiben die Kinder an konkrete Beispiele gebunden und auf gegebene Informationen beschränkt. Sie haben große Schwierigkeiten, abstrakt zu denken oder nur gedanklich angenommene Probleme zu lösen.

Konkrete Operationen bis elf Jahre	Hierarchien und Klassifikationen bilden Berücksichtigung mehrerer Aspekte Mengenerhaltung Anordnung von Mengen, Rechnen Angewiesensein auf Beispiele

Die formal-operationale Stufe

Ab dem elften Lebensjahr erlangen die Kinder die formal-operationale Stufe. Sie werden nun fähig, ohne konkretes Anschauungsmaterial in Sprache oder Symbolen abstrakt und hypothetisch zu denken. Weg von vorgegebenen Informationen kann nun mit Ideen „gespielt" werden.
Damit gelingt es ihnen, theoretische Regeln über ein systematisches Ausprobieren nach einem Versuchsplan aus anschaulichen Gegebenheiten abzuleiten. So können verschiedene Möglichkeiten abgewogen werden, welche Ursache beispielsweise das langsame und schnelle Pendeln eines Gewichtes hat: ob es von der Länge der Schnur und/oder der Schwere des Gewichts abhängt. Das systematische gedankliche Kombinieren führt zu unterschiedlichen Verknüpfungsmöglichkeiten und Hypothesen, die dann praktisch überprüft werden können. Die daraus folgenden Beobachtungen und Aussagen über Einflussgrößen können wiederum zu allgemeinen Aussagen und einer richtigen Lösung führen (im Beispiel: die Länge der Schnur).
Damit sind die Möglichkeiten zu naturwissenschaftlichem Denken (Hypothesenbildung) und zu erhöhter Kritik- und Reflexionsfähigkeit gegeben – auch über die eigene Stellung in der Familie und Gesellschaft, über weltanschauliche Fragen und unterschiedliche Lebensentwürfe sowie über das eigene Denken (***Metadenken***).

Formal-operationale Stufe ab elf Jahre	abstraktes und hypothetisches Denken Entwerfen eines Versuchsplanes, Versuchsdurchführung, Falsifizierung / Verifizierung von Hypothesen Kritik- und Reflexionsfähigkeit

Die unterschätzte Bedeutung des Jugendalters für die kognitive Entwicklung

Erst mit der Stufe der formalen Operationen sind die kognitiven Voraussetzungen geschaffen, mit denen Jugendlichen sich den Entwicklungsaufgaben der ***Pubertät*** und ***Adoles-***

zenz stellen können. Erst jetzt gewinnen sie ein distanziertes Verhältnis zur Welt und erstellen Zukunftsentwürfe. Andere Standpunkte werden in das eigene Überlegen mit einbezogen oder gar stellvertretend übernommen; differenziertes moralisches Urteilen und psychologisches Verständnis beginnen. Das oft unkonventionelle, manchmal auch stark selbstbezogene und rigorose Denken beinhaltet zudem die Chance zu neuen Problemsichten und Lösungsansätzen sowie zu deren kreativer Weiterentwicklung. Schon entwickelte Fähigkeiten werden ausgebaut: Die Sprache wird differenzierter, das zahlengebundene Denken verbessert sich und das räumliche Vorstellungsvermögen verfeinert sich.
Damit ist die kognitive Entwicklung aber nicht abgeschlossen. Gerade das Jugendalter bringt nochmals einen entscheidenden Sprung in der Geschwindigkeit und Kapazität der Informationsverarbeitung. Die Aufmerksamkeit kann zielgerichteter auf wichtige Informationen und die zentralen Aspekte der Aufgabenstellung gelenkt werden. Werden die angelegten Möglichkeiten durch ein reiches Angebot an Wissensinhalten und Anforderungen an die Fertigkeiten ausgebaut, kommt es zu einer deutlichen Erhöhung der Leistungsfähigkeit und einer Verbesserung des Speicherns und Abrufens von Gedächtnisinhalten. Mit den verbesserten Strategien der Informationsverarbeitung entstehen zudem ***metakognitive Prozesse***: Jugendliche denken über das eigene Denken und Lernen nach und können es selbst steuern.

Jugendalter	kritisch-distanziertes Verhältnis zur Welt differenziertes moralisches Urteil schnelle und umfangreiche Informationsverarbeitung Erweiterung des Gedächtnisses und des Wissens metakognitives Wissen

Das Jugendalter – wirklich eine Zeit der Krisen?

> **Jugend heute in den Medien**
> „So einfach, mit einem guten Jugendbuch, Geigenunterricht, elterlichen Rügen und knapp bemessenem Taschengeld bringt man seine Kinder nicht über diese gefahrenreiche Passage, in der die Weichen für das spätere Leben gestellt werden. [...]
> Anstand und Pflichtbewusstsein sind schöne Tugenden, aber jeder, der einmal versucht hat, sich einem in pubertärem Trotz erstarrten oder von Modefimmeln besessenen Jungen oder Mädchen mit Vernunft zu nähern, kennt die unendlichen Wirren zwischen Erziehungsideal und Wirklichkeit.
> ´Man hält nicht für möglich, auf welch unvorhersehbare Weise sich ein ehemals süßes Baby entwickelt`, klagt Julia, die Mutter eines 14-Jährigen. Ihr Sohn erwartet Essen, saubere Wäsche und Taschengeld, ignoriert seine Mutter im Übrigen meistens oder beschimpft sie als ´Scheißalte` oder ´blöde Kuh`."
> *(Der Spiegel, Heft 22 vom 28.05.2001, S. 116)*

Aus dem Beispiel scheint hervorzugehen, dass das Jugendalter mit drastischen körperlichen und psychischen Veränderungen (Gefühlsschwankungen) und sich daraus ergebenden besonderen Gefährdungen und Problemen (Widerstand, Rebellion gegen die Erwachsenenwelt) behaftet ist. Die Eltern wiederum scheinen deutlich unter der ***Pubertät*** ihrer Kinder zu leiden und von Unsicherheiten geprägt zu sein, wie sie sich richtig verhalten und was sie ihren Kindern zugestehen sollen. Diese Einschätzung beruht auf der Verallgemeinerung der bei einer kleineren Gruppe auftretenden Schwierigkeiten. Untersuchungen bestätigen klar, dass bei drei Vierteln aller Zehn- bis Achtzehnjährigen die Entwicklung genauso harmonisch verläuft wie in der Kindheit.

> **Jugendbegriff**
> Unter „Jugend" kann man die gesellschaftliche Gruppe oder Generation verstehen, die sich durch eine ähnliche Kultur, Werte und Verhaltensweisen von anderen Altersgruppen abhebt. Dabei verwischen die Grenzen zum Erwachsenenalter immer mehr, da Jugendlichkeit immer stärker zu einem gesellschaftlichen Ideal geworden ist, an dem sich auch die Erwachsenen ausrichten.

Kinder und Jugendliche sind zwischen dem zehnten und zwanzigsten Lebensjahr einer Vielzahl von Anforderungen ausgesetzt, die sie im Sinne eines Lernprozesses zu bewältigen haben. Im Zentrum steht dabei das Erarbeiten einer eigenen ***Identität***, was immer wieder zu Unsicherheit und Selbstzweifeln führt.
Als wichtigste Aufgaben der Entwicklung gelten:

- Klärung der Frage, wer man ist und was man will
- Annehmen der eigenen Körperlichkeit und Geschlechtsrolle
- Aufbau neuer und reifer Beziehungen zu den Altersgenossen beiderlei Geschlechts
- Aufnehmen intimer Beziehungen (Sexualität)
- Erlangen gefühlsmäßiger Unabhängigkeit von den Eltern und Erwachsenen
- Berufswahl und Erlangen einer ökonomischen Unabhängigkeit
- Vorbereitung auf Ehe und Familie
- Entwicklung einer Zukunftsperspektive (Zielsetzungen, Lebensplanung)
- Entwicklung der Fähigkeiten für die Rolle als Staatsbürger
- Übernahme sozial verantwortlichen Handelns
- Ausbildung überdachter Wertehaltungen

Die Aufgaben beziehen sich also auf die Bewältigung innerer Veränderungen, auf die Veränderungen im sozialen Beziehungsgefüge und auf kulturelle Ansprüche und Vorgaben. Sie können natürlich nicht alle gleichzeitig bewältigt werden; ihre Abfolge ist sehr unterschiedlich und sie dauern verschieden lang. Zudem bestehen deutliche geschlechtsspezifische Unterschiede.
Voraussetzung für die Bewältigung der Aufgaben sind die Ressourcen, die zur Verfügung stehen: Analyse- und Urteilsfähigkeit, das Durchdenken von Problemen, das Zutrauen in die eigenen Fähigkeiten und Möglichkeiten, die Unterstützung durch Eltern, Gleichaltrige, Verwandte und Schule.

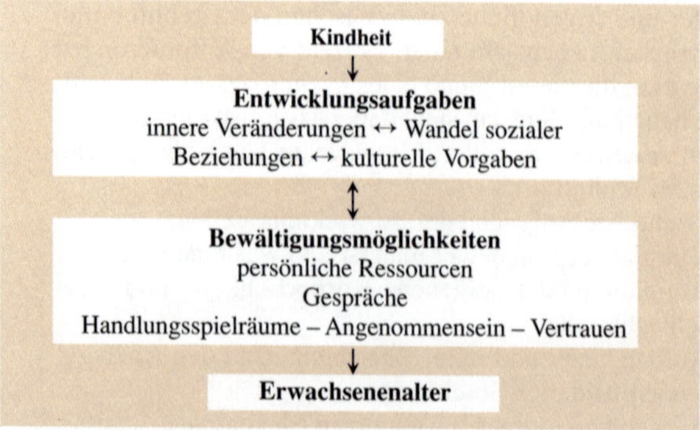

Die biologischen Veränderungen (Pubertät)

Bei Mädchen setzt auf Grund massiver hormoneller Veränderungen nach dem zehnten Lebensjahr die Geschlechtsreife ein, bei den Jungen etwa zwei Jahre später.
Besonders die körperlichen Veränderungen lösen einen deutlichen Wandel der Selbst- und der Fremdwahrnehmung der Jugendlichen aus und haben damit Rückwirkungen auf die psychische Entwicklung. Selbstwertprobleme stellen sich besonders ein, wenn der eigene Körper nicht einem gängigen Ideal entspricht. Die Jugendlichen müssen lernen, ihren neuen Körper zu bewohnen, was immer wieder mit Verunsicherung und Niedergeschlagenheit, aber auch dem Ver-

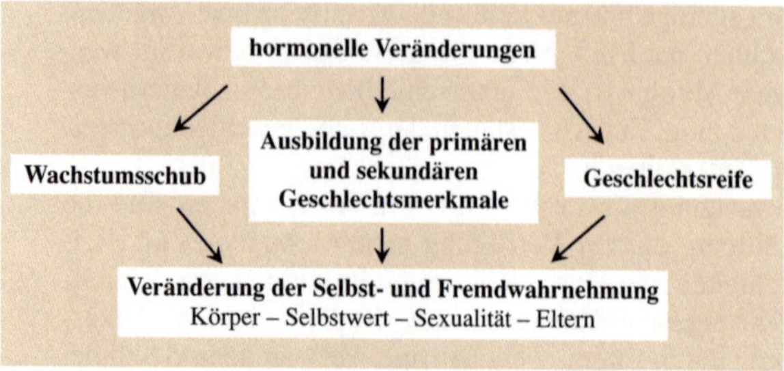

such, den Körper durch Fasten, Kosmetik, Kleidung oder Sport zu gestalten, einhergeht.

Den sich verwandelnden Körper annehmen lernen ist eine zentrale Herausforderung.

Das sich mit der körperlichen Reifung einstellende Gefühl, erwachsen zu sein, kollidiert oft mit den Einschätzungen der Erziehenden, dass der Jugendliche im kognitiven, emotionalen oder sozialen Bereich in der Entwicklung noch zurückhängt.

Das Gewinnen einer eigenen Identität

Bei der Entwicklung der eigenen Identität geht es darum, eine für einen selbst („privates ***Selbst***") wie für andere („soziales Selbst") einmalige, unverwechselbare, stimmige und selbstverantwortliche Person auszubilden. Dabei müssen die in der Pubertät und Adoleszenz ablaufenden Veränderungen mit dem Kind der Vergangenheit in einen Ausgleich gebracht werden. Die dafür notwendige Voraussetzung ist eine entsprechende Weiterentwicklung des Denkens (Wissen, Fähigkeiten, Selbstwahrnehmung) und Fühlens (Selbstwertgefühl, Selbstvertrauen). Synonym für die Erforschung der Identitätsentwicklung im Jugendalter steht ERIK ERIKSON.

Kurzbiographie: ERIK H. ERIKSON (1902-1994)
Der als Sohn eines Dänen und einer deutschen Jüdin in der Nähe von Frankfurt am Main geborene ERIKSON konnte sich nach dem Abitur für keinen Beruf entscheiden, zog als Künstler durch Europa, bis er als Privatlehrer in Wien mit der Psychoanalyse in Berührung kam. Nach einer Therapie und Lehranalyse bei ANNA FREUD und der späteren Heirat mit der amerikanischen Künstlerin und Soziologin Joan Serson emigrierte er 1933 in die USA. Hier stand er in intensivem Kontakt zu führenden Wissenschaftlern (MEAD, BATESON, MURRAY, LEVIN), bevor er selbst Forschungsaufträge in Harvard erhielt und als Ethnologe und Kinderanalytiker tätig war. 1960 wurde ihm ohne akademischen Abschluss eine Professur in Harvard zuerkannt.
In der Entwicklungstheorie ERIKSONS nimmt der Aufbau einer Ich-Identität während des Jugendalters eine zentrale Stellung ein. Nach ihm ist der Lebensverlauf von acht aufeinander folgenden,

krisenhaften Entwicklungsphasen geprägt, die jeder Einzelne durch seine Auseinandersetzung mit sich und der Umwelt zu lösen hat und die glücken oder auch scheitern kann. Erst eine gelungene Bewältigung ermöglicht die Auseinandersetzung mit der nächsten Aufgabe.
Das Jugendalter (Identität vs. Rollenkonfusion) wird entsprechend als Übergangszeit zwischen Kindheit und Erwachsensein betrachtet, für die dem Jugendlichen in fast allen Kulturen ein „psychosoziales Moratorium" gewährt wird, während dem er die Möglichkeit zum Experimentieren hat. Diese Übergangsphase ist besonders von den Fragen: „Wer bin ich?", „Wie sehen mich die anderen?", „Werde ich die richtigen Entscheidungen bezüglich Partnerschaft und Beruf treffen?" bestimmt. Eine wichtige Rolle spielen bei der Identitätsfindung Idole und Ideale, die eine Perspektive vermitteln. Entsprechend ist die Phase von Selbstzweifel, innerem Zwiespalt und der Gefahr einer Identitätsdiffusion geprägt, die sich beispielsweise in Arbeitsstörungen aufgrund unangemessener Forderungen an sich selbst und überhöhter Ich-Ideale ausdrücken kann. Wichtig ist, dass der Jugendliche Vertrauen in sich selbst entwickelt und dem, was er für sich als richtig erkannt hat, treu bleibt.

Grundsätzlich muss eingeschränkt werden, dass nur eine Minderheit der Jugendlichen sich ihre Identität in einem krisenhaften Prozess hin zu freien Gewissensentscheidungen, alternativem Denken oder neuen sozialen Regeln erarbeitet; die meisten teilen die Werteinstellungen ihrer Eltern und der Erwachsenenwelt (festgelegte oder übernommene Identität). Daher ist trotz stärkerer Gefühlsschwankungen und höherer Selbstunsicherheit das Bild, das die Jugendlichen von sich haben, weitgehend stabil, es entwickelt sich allenfalls in Richtung auf eine wirklichkeitsangemessene Selbstsicht. Letztlich werden dann aber die im Jugendlichen angelegten Möglichkeiten der Identitätsreife nicht ausgeschöpft.

Die Auseinandersetzung der Jugendlichen mit ihrer sozialen Umwelt

Die biologischen und kognitiven Veränderungen sind eng an eine Neugestaltung der sozialen Beziehungen der Jugendlichen gekoppelt. Letztlich geht es bei der Ablösung vom El-

ternhaus darum, selbstständig leben zu lernen und doch mit der Herkunftsfamilie verbunden zu bleiben.
Einerseits vollzieht sich dies in einer Lockerung der gefühlsmäßigen Bindungen zu den Eltern, andererseits in einer Distanzierung im Denken, in den Werthaltungen und Lebensformen. So werden die familiären Beziehungen einer neuen Dynamik unterworfen, sie müssen gleichberechtigt von allen Familienmitgliedern neu gestaltet werden. Das Streben der Jugendlichen nach Selbstbestimmung kollidiert dabei mit der weiter bestehenden sozialen und ökonomischen Abhängigkeit von den Eltern und deren Bedürfnis, ihren Kindern den Weg zur besten Entwicklung zu ebnen, was durch Erwartungen oder Kritik formuliert wird. Das kann zu Konflikten, Provokationen und Protestverhalten führen.

Selbstgestaltungstheorien
Während ältere Entwicklungstheorien den Schwerpunkt auf innere Entwicklungsgesetze legten (biologisch und genetisch programmierte Veränderungen) oder äußere Einflüsse von Gesellschaft, Lebensbedingungen und soziale Erfahrungen in den Mittelpunkt stellten, gehen Selbstgestaltungstheorien davon aus, dass Jugendliche ihre eigene Entwicklung aktiv als Emanzipationsprozess mitgestalten und konstruktiv auf die Veränderungen um sie herum (handlungstheoretisches Paradigma) reagieren. Sie gestalten damit ihre Zukunftsperspektiven und werden auch für ihre Zukunft mit verantwortlich.

Allerdings drehen sich die meisten Auseinandersetzungen um Äußerlichkeiten wie Kleidung, Verhaltensweisen, Jugendsprache und Zeiten des Nachhausekommens. Weitere Konfliktpunkte können der Einfluss der ***Peergroup*** oder Probleme im Zusammenhang mit der Schule (schlechte Noten) sein. Bei weit reichenden Lebensentscheidungen wie der Berufswahl bleiben die Eltern aber erste und intensivste Ansprechpartner. Förderlich für die Beziehung zwischen Eltern und Jugendlichen sind ständige Erreichbarkeit und Interesse der Eltern, das Eingehen auf die Meinung des anderen, geduldiges Zuhören, grundsätzliche Wertschätzung und klare Erwartungen voneinander. Nur über Gespräche kann es

Jugendlichen und Eltern gelingen, dass ihre Weltsicht weiterhin zumindest teilweise übereinstimmt.

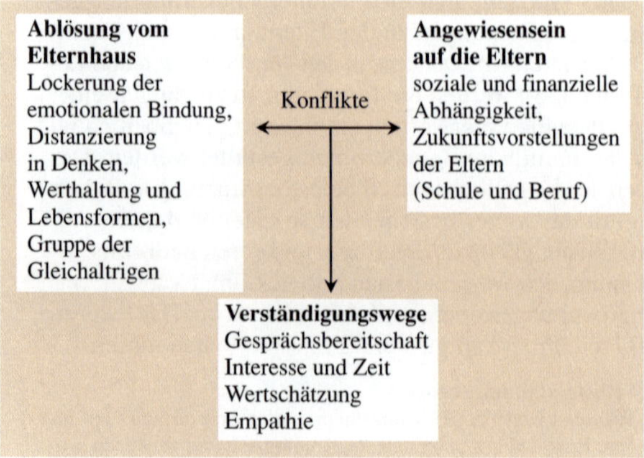

Eine zentrale Bedeutung zwischen dem vierzehnten und sechzehnten Lebensjahr gewinnt die Gruppe der Gleichaltrigen (Peergroup). Sie wird zum zentralen Anlaufpunkt während der Freizeitgestaltung und bietet die Möglichkeit für soziales Lernen: In ihr können neue Verhaltensweisen erprobt, Freundschaftsbeziehungen geknüpft, neue Werthaltungen und soziale Regeln entworfen, überprüft und übernommen werden. Die Jugendlichen tauschen sich dabei nicht nur wechselseitig aus, sie finden in den anderen Jugendlichen auch Vergleichspersonen, an denen sie sich orientieren und messen.

Auch bietet die Peergroup während der Phase der Ablösung vom Elternhaus ein soziales Netz, in dem sich der Jugendliche sicher und angenommen fühlt. Quasi in einem Schonraum können „Identitäten" ausprobiert und die Fähigkeit, Beziehungen zu knüpfen, aufrechtzuerhalten, aber auch wieder zu beenden, geübt werden.

Als nachteilig kann sich auf einzelne Gruppenmitglieder auswirken, wenn die Gruppe starken Druck (Ausschluss) zur

Angleichung an die Wertvorstellungen und Verhaltensweisen der Gruppe ausübt (auch: Gewalt) und somit die Ausbildung einer eigenen Identität zu kurz kommt.

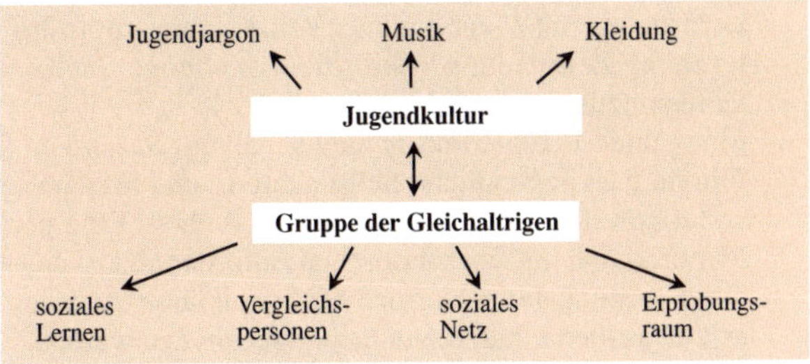

Charakteristisch für das Jugendalter ist zudem, dass eine eigene ***Jugendkultur*** (Subkultur) ausgebildet wird, die als Gegenkultur zu den Erwachsenen verstanden werden kann und zu einem gemeinsamen Lebensgefühl führt. Sie drückt sich in Sprache (Jugendjargon), Musik und Kleidung aus. Einem allgemeinen Merkmal der Moderne entsprechend, ist inzwischen allerdings auch die Jugendkultur in viele, teils sehr gegensätzliche und miteinander konkurrierende Kulturen zersplittert, die zudem einem Prozess der Kommerzialisierung unterworfen werden.

Die besondere Bedeutung der Schule

Mit der Bewältigung der schulischen Anforderungen ebnet sich der Jugendliche nicht nur den Weg zu finanzieller Eigenständigkeit und einer beruflichen Laufbahn. Die Art der Auseinandersetzung mit den Leistungsanforderungen hat auch wesentlichen Einfluss auf das Selbstbild, also darauf, ob das Bedürfnis nach Geltung, Selbstständigkeit und Erfahrung der eigenen Wirksamkeit zufriedengestellt werden kann. Die Schule gibt die entscheidenden Rückmeldungen über die Fähigkeiten der Jugendlichen, was sich auf die Einschätzung der eigenen Kompetenzen auswirkt. Zur Bewältigung der Anforderungen bedürfen die Schüler dabei nicht

nur einer entsprechenden ***Leistungsmotivation*** und Zielsetzung. Es gehören vielmehr auch eine angemessene Einschätzung der Schwierigkeit von Aufgaben und der eigenen Leistungsfähigkeit sowie eingeübter Lerngewohnheiten und Lernstrategien (Wiederholung, Verknüpfung mit früher Gelerntem, Zeitplanung, Selbstüberwachung, Suche nach Unterstützung) dazu.
Mangelnde Erfolge und Fehleinschätzungen können dazu führen, dass Jugendliche Selbstachtung und Zugehörigkeit außerhalb des schulischen Lernens suchen. Eine geringe Identifikation mit den schulischen Anforderungen kann auch durch leistungsferne Normen der Schulklasse entstehen, die erfüllt werden müssen, um dazugerechnet zu werden.

> **Der Zusammenhang zwischen Leistung und Beliebtheit**
> Um innerhalb der schulischen ***Peergroup*** angesehen und beliebt zu sein, ist nicht nur eine gewisse Leistungsstärke notwendig, da von den Schülern letztlich die Konkurrenzorientierung und Leistungsstandards der Schule übernommen werden, sondern vor allem auch eine schulkritische Grundhaltung. Schulkonforme gute Schüler laufen eher Gefahr, weniger integriert oder gar ausgeschlossen zu werden („Streber").

Dies ist in der Zeit des allgemeinen Rückgangs der Lernfreude und des Wohlbefindens in der Schule zwischen dem 6. und dem 9. Schuljahr besonders problematisch. Treffen mangelnde Leistungen oder Fähigkeiten der Schüler auf hohe Leistungserwartungen der Eltern, sind massive häusliche Konflikte vorprogrammiert. So wird es sehr schwierig, die Balance zwischen Beaufsichtigung und Lenkung einerseits sowie einer Erziehung zur Selbstständigkeit andererseits zu finden. Auch überhöhte Leistungsansprüche der Schule und ein kühl-distanziertes Verhalten des Lehrers beeinträchtigen die Entstehung eines positiven Schulleistungs-Selbstbildes. Einen Schutzraum und die Möglichkeit, sich stärker selbst annehmen zu lernen, bietet dann die enge Einbindung in die Gruppe der Gleichaltrigen. Fehlt dagegen der Schutz der Gruppe, können Depressionsneigung, Leistungsangst und somatische Belastungen steigen.

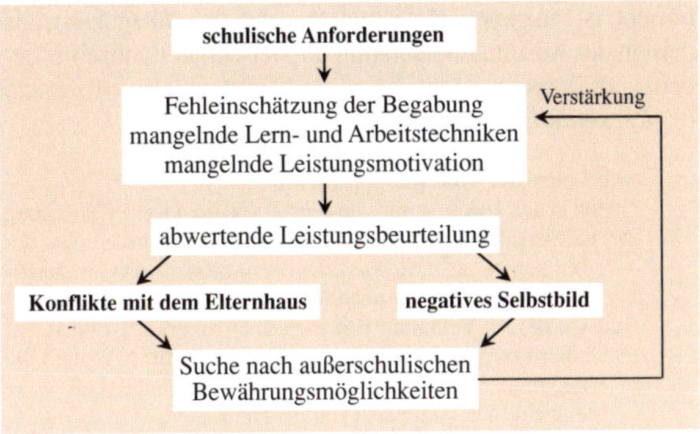

Auf der Suche nach der wahren Persönlichkeit

Wie sind wir in unserem innersten Kern eigentlich, was machen unsere Persönlichkeit und unsere ***Identität*** aus? So leicht es uns fällt, andere Menschen zu charakterisieren, bezüglich unserer eigenen Identität werden wir immer wieder von Krisen, Zweifeln, Sehnsüchten und Enttäuschungen belastet. Wir sind vor die lebenslange Aufgabe gestellt, uns unsere Persönlichkeit immer neu zu erarbeiten. Mit steigendem Alter gewinnen wir ein unverwechselbares Erscheinungsbild, das uns nach innen und außen Profil und Beständigkeit verleiht.

> *Ein Persönlichkeitsmerkmal ist eine Eigenschaft, die zumindest Wochen oder Monate überdauert und eine Person dazu befähigt, in bestimmten Situationen ein bestimmtes Verhalten zu zeigen.*

Jeder verfügt über ein sich im Verhalten ausdrückendes ***Persönlichkeitsprofil***, das in manchen Bereichen anderen ähnlich ist, in der Gesamtzusammenstellung aber einzigartig bleibt (interindividuelle Unterschiede). Ein Teil davon, das Temperament, ist ein genetisch festgelegter Persönlichkeitskern, aus dem in der Auseinandersetzung mit der Umwelt, unseren Lebensverhältnissen sowie Lern- und Entwicklungsprozessen die ***Persönlichkeitsmerkmale*** entstehen.

Die Lehre der vier Temperamente
Schon in der Antike wurde, ausgehend von der Idee der Mischung der Körpersäfte, durch den Griechen HIPPOKRATES die Lehre der vier Temperamente entworfen, die der römische Arzt GALEN später weiterentwickelte. Je nach Überwiegen einer Körperflüssigkeit wurde das Verhalten von Menschen zu erklären versucht:
- Choleriker (gelbe Galle): wechselhafte Gefühle, Wutanfälle
- Phlegmatiker (Schleim): Schwerfälligkeit, Untätigkeit
- Melancholiker (schwarze Galle): Traurigkeit
- Sanguiniker (Blut): Lebhaftigkeit

Diese Typologie bildete während des Mittelalters bis in die Neuzeit die Grundlage der europäischen Medizin und der Verhaltenslehre – so hatte der Aderlass die Funktion, die Körpersäfte wieder in ein Gleichgewicht zu bringen.

Da der Mensch sich seiner selbst bewusst ist und über sich reflektieren kann, gelingt es ihm seine Persönlichkeit selbst zu verändern und zu entwickeln. Es entsteht der Charakter, eine Ausprägung von persönlichen Zügen, die hinter den Handlungen steht. Persönlichkeit hat also viel mit einer lebenslangen Entwicklung zu tun, mit einem Werden in der Zeit. Manche Persönlichkeitsmerkmale sind langfristig sehr beständig – so etwa die Intelligenz –, andere können mittelfristig Schwankungen unterworfen sein – so das Selbstwertgefühl oder die Lebenszufriedenheit (intraindividuelle Unterschiede).
Dies hängt eng mit der Umgebung, in der wir leben, zusammen. Unser Wissen über sie nimmt stetig zu, und mit steigendem Alter beginnen wir unsere Umwelt selbst zu gestalten. Im Sinne einer sich selbst verstärkenden Rückkopplung stabilisieren sich unsere Eigenschaftsprofile in der von uns geschaffenen Umwelt immer mehr. Auch werden wir von unserer Umwelt häufig auf bestimmte Verhaltensweisen in bestimmten Situationen festgelegt (Stereotype:

der freundliche Nachbar), obgleich unsere wahre Persönlichkeit sich davon durchaus unterscheiden kann.

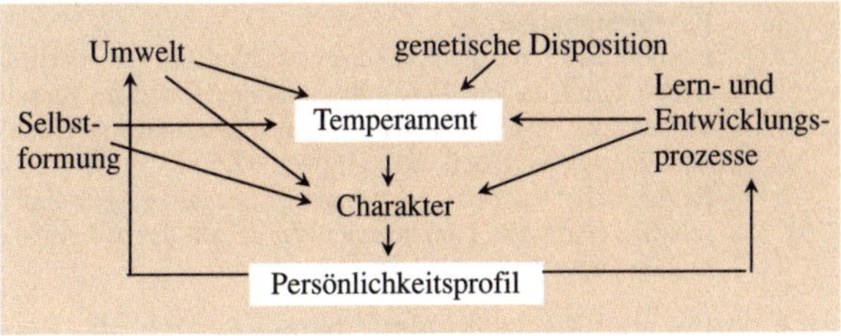

Temperament und Charakter bilden unsere Persönlichkeitsmerkmale, die in einer ganz charakteristischen Anordnung und einem typischen Ausmaß zueinander stehen.
Die Psychologie tut sich schwer, den Aufbau von „Persönlichkeiten" in einem schlüssigen Theoriengebäude zu fassen. Zum einen wird die Suche nach zeitlich beständigen Merkmalen von unterschiedlichen theoretischen Positionen, Menschenbildern und Weltanschauungen geleitet. Zum anderen sind die Ergebnisse der Persönlichkeitsforschung unübersehbar vielfältig und schwer in einem Theoriengebäude abbildbar; teils widersprechen sie sich sogar. Diskutiert wird beispielsweise seit langem, welchen Anteil an der Ausprägung der Persönlichkeit die genetische Anlage, welchen die Umwelt und die Wechselbeziehungen zwischen beiden haben.

Die Persönlichkeitspsychologie versucht überdauernde individuelle Besonderheiten von Menschen herauszufinden.

Faktorenanalytische Persönlichkeitsmodelle

Auch die Persönlichkeitspsychologie bleibt in ihrer Forschung letztlich auf das Verhalten und Erleben der Menschen angewiesen – der tiefe Blick in uns ist verschlossen (Blackbox). Sie hat aber als weitere Möglichkeit die Sprache und ihre Begriffe entdeckt, mit denen wir im Alltag unsere Mitmenschen beschreiben. Sie werden dazu genutzt, ***Persönlichkeitsfaktoren*** aus ihr herauszufiltern („Eigenschaftsparadigma").

> **Faktorenanalyse**
> Bei der Faktorenanalyse handelt es sich um ein statistisches Verfahren, durch das die Wechselbeziehungen zwischen Verhaltensweisen oder Persönlichkeitsmerkmalen beschrieben werden können. Ziel ist es dabei, das komplexe Geflecht wechselseitiger Beziehungen auf wenige voneinander unabhängige Grundeigenschaften (Faktoren, Dimensionen) zurückzuführen, damit die zugrunde liegende Struktur deutlich wird.

Faktorenanalytische Modelle bemühen sich, die Persönlichkeit eines Menschen über seine Eigenschaften zu beschreiben. So ging RAYMOND B. CATTELL von 4500 gesammelten Eigenschafts- und Verhaltensbegriffen – ALLPORT sammelte sogar 17953 verschiedene Vokabeln – aus, die er auf 35 zentrale Persönlichkeitszüge reduzierte („lexikalischer Ansatz"). Durch weitere ***Faktorenanalysen*** konnten 16 Grundeigenschaften gewonnen werden, in denen die Persönlichkeitsmerkmale bipolar einander gegenüberstehen. Jedes Individuum nimmt in jeder Eigenschaft eine ganz charakteristische Position ein, durch die Verknüpfung aller Eigenschaften ergibt sich ein Persönlichkeitsprofil (Testverfahren: 16 PF-Test).

> **Die sechzehn Persönlichkeitsfaktoren**
> **nach CATTELL (16 PF)**
> Sachorientierung vs. Kontaktorientierung
> Konkretes vs. abstraktes Denken
> Emotionale Störbarkeit vs. Widerstandsfähigkeit
> Soziale Anpassung vs. Selbstbehauptung
> Besonnenheit vs. Begeisterungsfähigkeit
> Flexibilität vs. Pflichtbewusstsein
> Zurückhaltung vs. Selbstsicherheit
> Robustheit vs. Sensibilität
> Vertrauensbereitschaft vs. skeptische Haltung
> Pragmatismus vs. Unkonventionalität
> Unbefangenheit vs. Überlegtheit
> Selbstvertrauen vs. Besorgtheit
> Sicherheitsreserven vs. Veränderungsbereitschaft (vier Unterfaktoren Q1-Q4)

Auch HANS EYSENCK suchte mit Fragebögen, Schätzskalen, Testverfahren und biografischen Verfahren nach grundlegenden Dimensionen der menschlichen Persönlichkeit. Ausgehend von spezifischen Verhaltensweisen (etwa: geht häufig aus) wurden von ihm Gewohnheiten erschlossen (etwa: Geselligkeit), aus deren Zusammenspiel Eigenschaften (etwa: Zyklothymie als gemütvolle, gesellige, gutmütige und natürliche Wesensart) und schließlich Typen (etwa: Extraversion) erschlossen wurden. Es findet damit eine immer stärkere Abstraktion und Auskristallisation elementarer ***Persönlichkeitsmerkmale*** statt.

EYSENCK fand drei Hauptdimensionen heraus, die extreme, einander gegenüberliegende Typen widerspiegeln. Die ersten beiden sind heute in fast jedem Persönlichkeitsmodell zu finden.

- ***Extraversion – Introversion***: Mit Extraversion werden Persönlichkeitsmerkmale wie Geselligkeit, Lebhaftigkeit und Selbstbewusstsein, aber auch eine Neigung zu Sensationslust, Sorglosigkeit und Dominanz verknüpft. Extravertierte Menschen sind eher aufgeschlossen und abenteuerhungrig. Introvertierte hingegen ziehen sich eher zurück, neigen zur Selbstbeobachtung, distanzieren sich von anderen Menschen, sind vorsichtig und gehen Aufregungen aus dem Wege. Ihre Lebensführung ist eher geordnet, Gefühle werden von ihnen zu kontrollieren versucht. Sie werden als zuverlässig, pessimistisch, geduldig und ernst beschrieben.
- ***Neurotizismus*** (emotionale Instabilität) – Stabilität: Als Merkmal des Neurotizismus wird die Neigung zu Ängstlichkeit und Depression, zu Schuldgefühlen, geringer Selbstachtung, innerer Anspannung, Launenhaftigkeit und emotionaler Labilität angeführt. Neurotische Menschen sind eher bedrückt, schüchtern, launisch und gefühlvoll. Mit ***emotionaler Stabilität*** bezeichnet man eher ruhige, sorglose, ausgeglichene und zuverlässige Menschen.

- ***Psychotizismus***: Hiermit wird eine Neigung zu Aggressivität, Mangel an Mitgefühl, Konzentrationsschwierigkeiten und wirklichkeitsunangemessenen Anspruchshaltungen zu umschreiben versucht.

EYSENCK ging davon aus, dass in der Bevölkerung die Typen normal verteilt sind – extreme Ausprägungen wären demnach sehr selten, während in der Mitte der drei Skalen die meisten Menschen zu finden wären.

Die „Big Five"

Die Persönlichkeitspsychologie selbst war mit der Vielfalt von Persönlichkeitsmodellen in den 1980-er Jahren nicht mehr zufrieden. Zu Beginn der 90-er Jahre entstand ein Modell mit fünf breiten ***Persönlichkeitsfaktoren*** des Menschen, die als die „Big Five" bezeichnet werden. Zu den Faktoren ***Extraversion*** vs. ***Introversion*** und ***Neurotizismus*** vs. Stabilität, die den Typen EYSENCKS gleichen, kommen noch Verträglichkeit, Gewissenhaftigkeit und Offenheit für neue Erfahrungen hinzu:

- Verträglichkeit: Hier geht es vor allem um den Umgang mit anderen Menschen und die Gefühle und Gedanken ihnen gegenüber. Wenig verträgliche Menschen sind eher wenig kooperativ, grantig, missgünstig, feindselig, starrköpfig, grob, misstrauisch, zynisch, reizbar oder skrupellos. Verträgliche zeichnen sich durch Gutmütigkeit, ein weiches Herz und angenehmes Naturell aus, sie sind hilfsbereit, kooperativ, wohlwollend, freundlich und offen, vertrauen anderen und werden manchmal deshalb auch übertölpelt.
- Gewissenhaftigkeit: Mit der Dimension wird zu beschreiben versucht, wie verlässlich und ausdauernd sich jemand seiner Arbeit und Ziele annimmt. Gewissenhafte Menschen haben hohe Ansprüche, gehen diszipliniert und wohlorganisiert zu Werke, arbeiten exakt, genau, sorgfältig und ausdauernd. Wenig gewissenhafte handeln hingegen nachlässig und planlos, sind unzuverlässig, sprunghaft und ungenau, geben schnell auf, sind faul und

geben sich lieber den angenehmen Seiten des Lebens hin.

- Offenheit für neue Erfahrungen (Kultiviertheit): Mit Offenheit werden Interesse und Neugier auf Neues zu umschreiben versucht. Offene Menschen lehnen eher strenge Regeln und Autoritäten ab, können kunstverständig, intellektuell, kultiviert und fantasievoll sein. Geringe Offenheit umschreibt eher Bodenständigkeit, Konventionalität sowie eine konservative Haltung, auch können solche Personen einseitig interessiert, einfach, ungebildet, ungeschliffen und fantasielos sein.

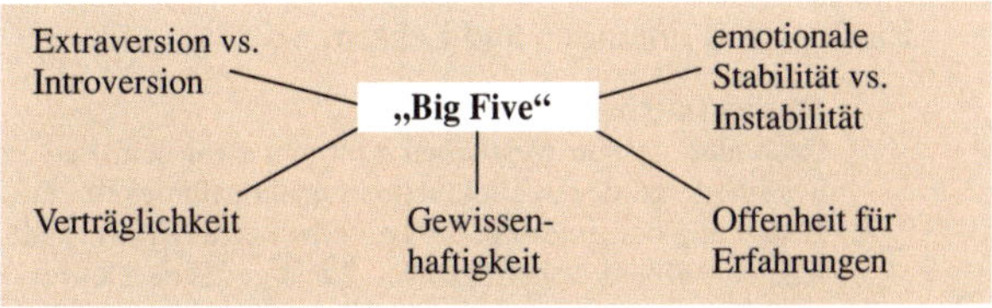

Letztlich wird Persönlichkeit auch in diesem Modell abermals nur in ihrer Verhaltensmanifestation beschrieben, nicht aber in ihren Wurzeln.

Anlage oder Umwelt – das Beispiel der Intelligenz

Lange Zeit wurde heftig diskutiert, ob die Anlage oder die Umwelt entscheidender für die Entwicklung der Persönlichkeit ist. So sind Charaktereigenschaften, wie oben schon angedeutet, sicherlich nicht von Entwicklungsstand, Ort und Zeit, in denen wir leben, unabhängig, haben aber einen, wenn auch unterschiedlich großen, genetischen Anteil. Schwierig wird es, wenn der Anteil der Einflüsse von Anlage und Umwelt aus ihrem Wechselspiel und ihrer wechselseitigen Überlappung herausgelöst werden soll, um zu besseren Voraussagen über künftiges Verhalten zu gelangen: Mit welcher Anlage und unter welchen Umweltbedingungen entsteht ein Schachgroßmeister? Welche Anlage und welche Umwelt be-

günstigen die Entwicklung zu einem Sexualstraftäter? Durch Zwillingsforschung konnte immerhin beispielsweise nachgewiesen werden, dass Intelligenz eine hohe genetische Komponente besitzt.
In den letzten Jahren hat sich aber ein grundlegender Wandel vollzogen. So wird nicht mehr die geteilte Umwelt, also die familiären Einflüsse wie soziale Schicht, Erziehungsziele der Eltern, Familienklima und Bildungsniveau, als entscheidend angesehen, sondern die von Geschwistern nicht geteilten Umwelteinflüsse wie die Unterschiede im Erziehungsstil der Eltern gegenüber unterschiedlichen Kindern, die Geschwisterposition innerhalb der Familie oder der Einfluss von Freunden und Lehrern.

Was ist Intelligenz?
Besonders in den westlichen Kulturen wird dem Persönlichkeitsmerkmal der intellektuellen Leistungsfähigkeit eine hohe Bedeutung beigemessen. Sie ist Voraussetzung für fast alle Berufe mit einem hohen sozialen Prestige. Eine Definition ist schwierig, weshalb sich manche Psychologen auf den Satz „Intelligenz ist, was der Intelligenztest misst" zurückziehen. Andere versuchen sie als Fähigkeit zu hoher Bildung, als schulische Lernfähigkeit, als allgemeine geistige Anpassungsfähigkeit an neue Aufgaben und Bedingungen des Lebens, als Fähigkeit, zweckvoll zu handeln und sich erfolgreich mit der Umwelt auseinander zu setzen, als Finden von Ordnungen und Regelhaftigkeiten zu beschreiben.
Moderne Intelligenztheorien wie beispielsweise die GARDNERS, die eher eine Fähigkeitstheorie ist, gehen von mehreren, voneinander unabhängigen Intelligenzarten aus: einer sprachlichen, musikalischen, logisch-mathematischen, räumlichen, körperlich-kinästhetischen (Motorik, Sensorik), interpersonalen (Gefühle und Absichten der Mitmenschen erkennen und auf sie reagieren) und einer intrapersonalen (die eigene Persönlichkeit, das eigene Verhalten erfassen und verstehen) Intelligenz. Alle sind in jeder Person in unterschiedlichem Maße ausgeprägt.

Will man genauer erfassen, wie es zu hohen – oder niedrigen – intellektuellen Leistungen kommt, müssen daher nicht nur die genetischen Einflüsse berücksichtigt werden, sondern auch die anregenden Bedingungen innerhalb der Fa-

milie (Sprachniveau, Art der Kommunikation, Auseinandersetzung mit den Kindern, Bildungsorientierung) und mit zunehmendem Alter die schulische Lernumwelt. Als Voraussetzung für gute Leistungen scheint es wichtig zu sein, sich ein immer komplexeres und vernetzteres Wissen anzueignen, das wiederum die Vorbedingung für neue und tiefere Wissensaneignung darstellt. Intelligenz wird gewissermaßen über das erworbene Wissen vermittelt (Moderatorvariable). Wissen selbst wird wiederum besonders erfolgreich über optimierte Lernbedingungen angeeignet, was auch mit der Art des schulischen Unterrichts zu tun hat.
Vor allem Lesen besitzt eine Vorhersagequalität für die Leistungsfähigkeit – häufiges Lesen fördert Wissen und in einem eingeschränkten Maße auch die verbale Intelligenz; gleichzeitig, und das macht das untrennbare Wechselspiel zwischen Anlage und Umwelt wieder deutlich, lesen intelligente Menschen mehr.

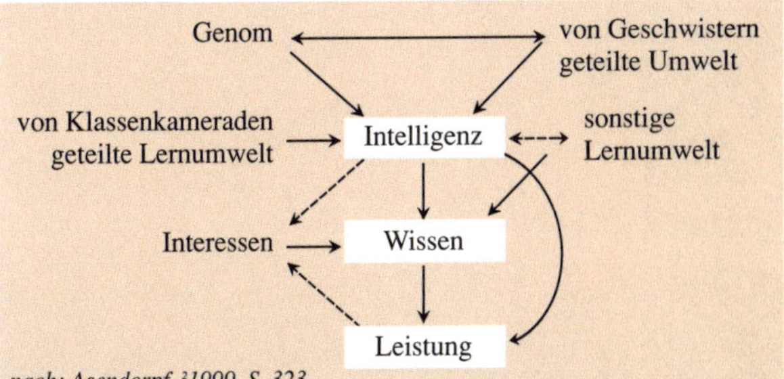

nach: Asendorpf. ²1999, S. 323

Das Zusammenspiel von Anlage und Umwelt beginnen wir erst heute besser zu verstehen: Wir haben eine genetisch beeinflusste Tendenz, bestimmte Lebensumwelten aufzusuchen oder sie so zu verändern, so dass sie gut zu uns passen (aktive Genom-Umwelt-Kovarianz). Auf der anderen Seite reagiert gleichzeitig unsere Lebensumwelt auf unsere Persönlichkeitseigenschaften. Kinder werden beispielsweise in der Sekundarstufe nach ihren Leistungen unterschiedlichen

Schultypen zugewiesen, informationshungrige Kinder eher mit Anregungen von den Eltern ausgestattet als genügsamere (reaktive Genom-Umwelt-Kovarianz). Und schließlich bieten unsere Eltern und Geschwister uns bestimmte Lebensbedingungen alleine auf Grund des häuslichen Lebens: Intelligente Kinder wachsen in einer anregenderen Umgebung auf, weil ihre Eltern ihnen durch ihre eigene Intelligenz eine anregendere häusliche Umgebung schaffen (passive Genom-Umwelt-Kovarianz).

Die optimale Förderung von Kindern kann damit nicht in einem Bereich alleine ansetzen, sondern verlangt ein vernetztes und multifaktorielles Denken sowie ein Bewusstsein dafür, dass es auch unüberschreitbare natürliche Grenzen gibt.

Ein Blick in uns

Wirklichkeit oder Täuschung – die Wahrnehmung

Das klassische Experiment: Reizentzug (sensorische Deprivation)
Was passiert, wenn Menschen von den Informationen, die sie über ihre Wahrnehmungsorgane aus der Umwelt erhalten, ausgeschlossen werden? Dieser Frage ging man in den 1950-er Jahren nach. Studenten wurden dafür in einem schallarmen und schwach beleuchteten Raum isoliert. Über eine Milchglasbrille machte man die Restkonturen im Raum unsichtbar, filterte Geräusche durch ein gleichförmiges „weißes Rauschen" aus und minderte Berührungsreize über Spezialhandschuhe. Während der zwei, drei Tage dauernden Versuchsreihe beschäftigten sich die Studenten zuerst mit eigenen Gedanken. Doch stellten sich schnell Konzentrationsschwierigkeiten ein, die Gedanken trieben ziellos, bis die Versuchspersonen den Eindruck bekamen, überhaupt nicht mehr zu denken. In einer nächsten Phase entstanden dann lebhafte visuelle Eindrücke bis hin zu echten Halluzinationen. Hinzu kamen Konzentrations- und Leistungsstörungen. Auch nach Beendigung des Experiments waren die Studenten in ihren Wahrnehmungen beeinträchtigt: Räume blieben in ihrer Gestalt verzerrt, Kopfbewegungen wurden als Bewegung der Umwelt erlebt, Farben und Kontraste traten besonders intensiv hervor.
Bei einem systematischen Reizentzug scheint also ein regelrechter Hunger nach Informationen zu entstehen, der innerhalb des Organismus zu verschiedenen Formen von Selbstreizung führt. Ein Leben ohne äußere Reize, das zeigen auch Opfer von Bergwerkskatastrophen oder Isolationsfolter, ist für einen Menschen über längere zeitliche Dauer psychisch nicht zu ertragen, obwohl der Organismus an sich weiter lebensfähig wäre.

Unsere alltägliche Wahrnehmung ist uns so selbstverständlich und vertraut, dass wir kaum über ihr Zustandekommen und ihre Besonderheiten nachdenken. Doch sind wir auf sie angewiesen, wenn wir uns in der Welt zurechtfinden und überleben wollen: Zu sinnvollem Verhalten benötigen wir

Informationen und Kenntnisse über das, was uns unmittelbar umgibt (***Exterozeption***). Unsere Wahrnehmung ist der Draht zwischen unserem Bewusstsein und den Dingen der Außenwelt. Nur durch sie können wir die Umwelt erforschen und Neues entdecken.

Nicht vergessen werden darf dabei, dass Wahrnehmung auch eine große Zahl von Signalen aus dem Innern unseres Körpers umfasst: Zu denken ist an Organempfindungen (***Interozeption***) oder an Muskelspannungen und die Lage des Körpers im Raum (***Propriozeption***). Die Wahrnehmungen können bewusst ablaufen, etwa durch die willentliche Aufnahme von Informationen, wenn man beispielsweise ein Kind beim Spielen beobachtet oder auf ungewöhnliche Geräusche im Haus lauscht. Der größte Teil unserer Wahrnehmungen bleibt aber unbewusst, da wir unsere Aufmerksamkeit nicht konzentriert auf alles, was in uns und um uns geschieht, richten oder richten können. Besonders Veränderungen, etwa ein Rascheln im Busch, der Lichtblitz einer Radarkontrolle oder die Nennung unseres Namens aus dem Partygeflüster heraus, lassen unsere Wahrnehmungen dann sekundenschnell bewusst und zielgerichtet werden.

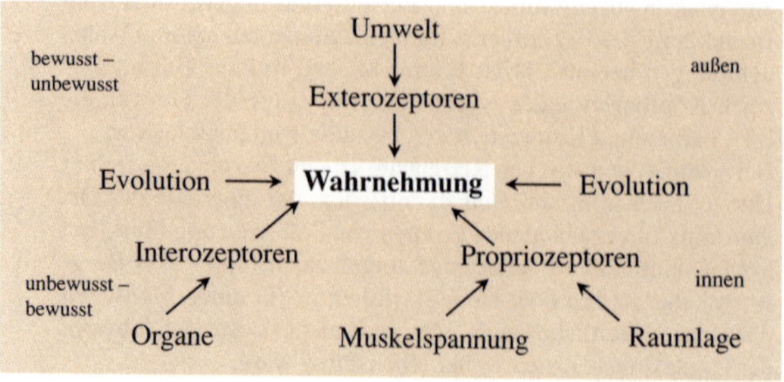

Dabei sind wir auf die Möglichkeiten, aber auch auf die Grenzen unserer Sinnesorgane (Rezeptorensysteme) angewiesen: Rundfunkwellen oder radioaktive Strahlen werden von uns ebensowenig wahrgenommen wie Magnetkräfte oder infrarote und ultraviolette Strahlen. Da sich unsere

Wahrnehmungsausstattung bewährt zu haben scheint, waren solche Sinneswahrnehmungen für unser Zurechtfinden als „bewegter Mensch" offenbar nicht notwendig. Ausgebildet hat sich, was effektiv und robust genug war, ohne gleichzeitig zu aufwändig zu sein.

Sind Wahrnehmungen objektiv?

Wir glauben an unsere Sinneseindrücke, wir empfinden sie als „wahr" und objektiv, auch wenn Beispiele, wie sich widersprechende Zeugenaussagen nach Raubüberfällen oder Unfallflucht, uns eines Besseren belehren müssten.

> **Das Phänomen der Mondtäuschung (Vertikalen-Horizontalen-Täuschung)**
> Wer hat ihn nicht schon gesehen: den eindrucksvoll groß am Horizont stehenden Mond, der die Wiesen und Bäume unter sich zu erdrücken scheint. Halten wir das Phänomen mit dem Fotoapparat fest, ist die Enttäuschung groß: Sein Umfang unterscheidet sich nicht vom Mond, den wir am Zenit fotografisch festgehalten haben. Wir sind also einer optischen Täuschung aufgesessen, die sich bei der Größenbeurteilung des Mondes in Bezug zu den verschiedenen Objekten in der Landschaft ergibt. Er wirkt im Verhältnis zu ihnen sehr groß, da er als weiter entfernt eingeschätzt wird. Am Zenit fehlen unserer optischen Wahrnehmung ähnliche Maßstäbe, in die der Mond gestellt werden könnte; er erscheint uns trotz des gleichen Netzhautbildes nur als ein Drittel so groß.

Wahrnehmung ist ein aktiver Prozess der Verarbeitung von Informationen. Wir erkennen nicht die Dinge an sich, sondern ihre Umwandlung zu Sinneseindrücken: Eigentlich nehmen wir nicht die Sonne wahr, sondern elektromagnetische Schwingungen, die von den Rezeptoren verarbeitet und zu einem „Bild" von der Sonne in Form von Nervenimpulsen „übersetzt" werden. Bei dieser Übersetzung kann es zu Wahrnehmungstäuschungen und Fehlinterpretationen kommen. Jede Person empfindet schon auf Grund ihrer Lerngeschichte subjektiv und die Wahrnehmungen werden durch Bedürfnisse, Gefühle, Stimmungen oder Einstellungen beeinflusst. Zudem ist der einzelne Mensch auf die Grenzen seiner Sinnesorgane und auf den von ihm ausgewählten kleinen Ausschnitt aller möglichen Wahrnehmungswelten beschränkt. Gleichzeitig überschneiden und ergänzen sich in ihm die Wahrnehmungen der verschiedenen Sinnesorgane.

Die Wahrnehmungsschwellen

Die Erforschung von Wahrnehmungsphänomenen geht auf physiologische Forschungen des 19. Jh.s zurück, aus denen heraus sich letztlich die Disziplin „Psychologie“ entwickelte. Zu nennen sind vor allem HELMHOLTZ, WEBER (Webersches Gesetz) und FECHNER (Fechnersches Gesetz).

Untersucht wurden zu Beginn vor allem Schwellen der Wahrnehmung. Unter der ***absoluten Schwelle*** wird ein Reiz verstanden, bei dem die Wahrnehmbarkeit gerade einsetzt. Mit der ***Schmerzschwelle*** wird die obere Grenze der Wahrnehmung bezeichnet.

Unter dem ***eben merklichen Unterschied*** versteht man die Grenze, ab wann zwei Reize voneinander unterschieden werden können. Diese Schwelle ist in ihrer Größe nicht konstant, vielmehr ist die Größe des Ausgangsreizes dafür verantwortlich, ab wann eine Reizerhöhung wahrgenommen werden kann. Bei kleinen Ausgangsreizen reicht eine kleine Reizzunahme, bei großen Ausgangsreizen ist eine große nötig.

Während die Folge der Reizung eines Sinnesorgans immer die gleiche ist, nämlich ein weitergeleiteter Nervenimpuls, ist der erlebte Sinneseindruck je nach Wahrnehmungsorgan sehr unterschiedlich. Dies liegt vor allem an den Prozessen, mit denen die Reize verarbeitet werden, und an den beteiligten Hirnregionen. Daher erfahren wir unsere Umwelt in komplexer Art und Weise, und die einzelnen Sinnesmodalitäten liefern voneinander unabhängige, aber miteinander vergleichbare und sich ergänzende Informationen.

> *Spezialisierte Nervenzellen, die physikalische Reize (Druck, elektromagnetische Wellen ...) in elektrische Informationen umwandeln, werden **Rezeptoren** genannt.*

Am besten ist bisher das visuelle System untersucht, das uns zu „Augenwesen“ macht.

Die „fünf Sinne“	Schwellen der Wahrnehmung, Rezeptoren und Informationskapazität
Sehen	Kerzenlicht in klarer, dunkler Nacht aus 45 km Entfernung; Stäbchen und Zapfen der Netzhaut 3.000.000 Bit pro Sekunde
Hören	Ticken einer Armbanduhr aus 6 m Entfernung Haarzellen auf der Basilarmembran des inneren Ohrs; 20-50.000 Bit pro Sekunde
Schmecken	ein Teelöffel Zucker in 7 Litern Wasser Geschmacksknospen auf der Zunge 10 Bit pro Sekunde
Riechen	ein Tropfen Parfüm in einer 6-Zimmer-Wohnung Rezeptorzellen in der oberen Nasenhöhle 10-100 Bit pro Sekunde
Berühren	ein Sandkorn aus 1 cm Höhe fällt auf die Wange Nervenenden in der Haut 200.000 Bit pro Sekunde

Sinnes-modalität	Charakteristika
Visueller Sinn	Unterscheidung von Farbe und Helligkeit; Tiefenwahrnehmung, Einschätzung von Entfernung und Größe
Gehörsinn	Unterscheidung von leise und laut (0 bis 120 Dezibel), hoch und tief (20 bis 20.000 Hz) und Klangfarbe; spielt in der Umweltwahrnehmung eng mit dem Sehen zusammen (Lokalisierung von Objekten oder Bewegungen im Raum)
Geschmacks-sinn	Unterscheidung der Geschmacksrichtungen süß, sauer, salzig und bitter; ist in seiner Wahrnehmung vom Geruchssinn kaum zu trennen
Geruchssinn	Unterscheidung der Geruchsarten ätherisch, kampferartig, moschusartig, blumig, faul, minzig, stechend; ist in seiner Wahrnehmung vom Geschmackssinn kaum zu trennen; zudem ist eine schnelle Adaption an Gerüche feststellbar
Tastsinn	Unterscheidung von Druck, Schmerz, Wärme und Kälte

Die Notwendigkeit, Informationen auszusondern

Schon alleine die hohe Informationskapazität der Wahrnehmung macht es notwendig, dass Informationen reduziert werden. Können mit den Augen etwa 3 000 000 Bit pro Sekunde aufgenommen werden, sind zum Lesen von drei Wörtern pro Sekunde lediglich etwa 15 Bit notwendig. Auch wenn viele weitere Informationen unbewusst parallel verarbeitet werden, wird also nur ein geringer, aber der wesentliche und bedeutungshaltige Teil der eingehenden Informationen berücksichtigt.

Ausgewählt werden besonders charakteristische Muster, die zu einer Vereinfachung und zur Übersichtlichkeit beitragen. Strukturen, deren Übertragung weniger Informationsmenge erfordert, werden also bevorzugt; wir streben nach eindeutigen, geordneten, beständigen und sinnhaften Informationen. Wahrnehmung ist somit ein auswählender und konstruktiver Prozess, der durch die wahrnehmende Person aktiv gestaltet wird.

Gestaltpsychologie

Besonders die in Deutschland angesiedelte Gestaltpsychologie hat mit ihren „Gestaltgesetzen" Wahrnehmungsphänomene zu beschreiben versucht.

Als zentral wird von ihr die ***Prägnanztendenz*** angesehen, durch die „gute Gestalten" – Klarheit, Strukturiertheit, Regelmäßigkeit, Ähnlichkeit, Einfachheit und Eindeutigkeit – geschaffen werden. Gemeint ist damit das Phänomen, dass aus der Verteilung von Farb- und Helligkeitswerten in der Wahrnehmung geschlossene und symmetrische Reize oder kontinuierliche Linien besonders hervorgehoben werden. Kreise und Quadrate, Tropfen und Würfel sind entsprechend prägnante Gebilde; nicht vollständige Informationen werden in diese Richtung ergänzt. Es wird immer versucht, Reizmuster als Ganzes zu sehen, auch wenn sie aus Teilen bestehen.

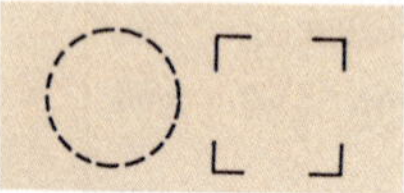

Mit ***Assimilation*** (Angleichung) wird das Phänomen beschrieben, dass nicht ganz gleichmäßige Flächen als gleich erlebt werden. Eine graue Fläche, die schleichend von einem hellen Grau in ein dunkles übergeht, wird als homogen empfunden. Wird die Fläche durch einen Strich in zwei Teile getrennt, entstehen plötzlich zwei unterschiedlich helle Teile (Kontrast). Der Strich wird in der Wahrnehmung also zur Strukturierung der Fläche genutzt; fließende Übergänge werden eher vernachlässigt.

Entsprechend ist das Bestreben zu erklären, zwischen Figur und Grund zu unterscheiden. Durch den Kontrast werden kleinere, hellere und besser strukturierte Reize als Figur besonders hervorgehoben, sie lösen sich in unserer Wahrnehmung gewissermaßen aus dem Grund heraus. Wir sehen den Schmetterling auf der Wiese, nicht den Schmetterling und die Wiese. Der Grund, größere, dunklere und weniger strukturierte Felder, tritt als Hintergrund zurück.

Mit dem Gesetz der Nähe wird beschrieben, dass nahe beieinander befindliche Reize als zusammengehörig wahrgenommen und zu einer Figur zusammengeschlossen werden. So können auch Dinge ähnlicher wirken, als sie eigentlich sind. Größere Abstände hingegen werden zum Hintergrund.

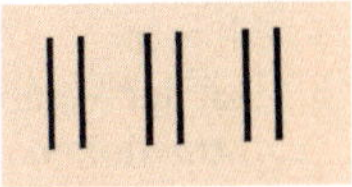

Nach dem Gesetz der Ähnlichkeit werden in Farbe, Form, Höhe oder Intensität ähnliche Reize als zusammengehörig wahrgenommen. Die „gute Fortsetzung“ meint, dass für ein Reizmuster die Gestalt gewählt wird, die mit den wenigsten „Knicken“ oder Winkeln auskommt. Reize, die eine Fortsetzung vorausgehender Reize zu sein scheinen, werden also als zusammengehörig erfasst.

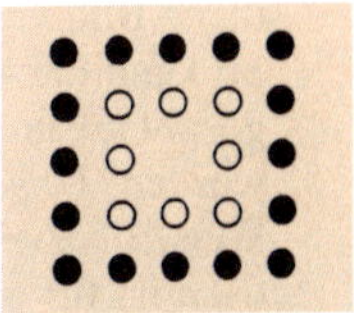

Mit dem Gesetz der Geschlossenheit wird das Phänomen bezeichnet, dass unvollendete Reizmuster als vollendet wahrgenommen werden, selbst dann, wenn die Linien nicht vollständig geschlossen sind.

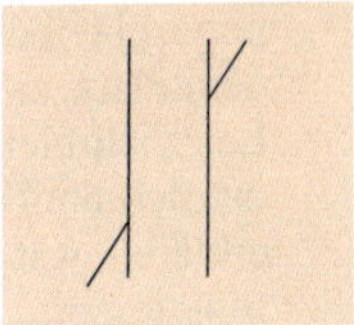

Das Innere eines zusammengesetzten Objekts wird dann zur Figur, das Äußere zum Grund. Besonders eindrucksvoll ist dies, wenn so genannte subjektive Konturen entstehen, also Seiten eines Dreiecks aufgrund eigentlich zusammenhangloser Objekte wahrgenommen werden, die objektiv nicht vorhanden sind.

Werden symmetrische und asymmetrische Strukturen miteinander verbunden, werden nach dem Gesetz der Symmetrie die symmetrischen Teile eher zur Figur, die asymmetrischen eher zum Grund.

Ein weiteres wichtiges Wahrnehmungsphänomen ist das der Wahrnehmungskonstanzen. Mit Größenkonstanz wird das Phänomen umschrieben, dass eine Katze, gleichgültig, ob wir sie aus zwei, vier oder sechs Metern Entfernung sehen, in ihrer wahrgenommenen Größe ungefähr gleich bleibt. Dies ist insofern nicht selbstverständlich, da sich das Abbild der Katze auf der Netzhaut mit steigender Entfernung ja verkleinert.

Bei der Verarbeitung des Bildes werden offenbar Zusatzinformationen über die Entfernung (perspektivische Anhaltspunkte) mit hinzugezogen, die das innerlich wahrgenommene Bild von der Katze gleich erscheinen lassen.

So kann die Welt um uns herum, obgleich sie sich im Tagesablauf unablässig verändert, als gleichbleibend erlebt werden: Unser blaues Auto bleibt in der immer gleichen Weise blau (Farb- und Helligkeitskonstanz), der runde Esstisch ist für uns, aus welcher Perspektive wir ihn auch ansehen, rund (Formkonstanz), und die Gegenstände um uns herum bleiben, auch wenn wir uns im Raum bewegen, an dem Platz, an dem sie sich für uns befinden (Ortskonstanz).

Letztlich bleiben die gestaltpsychologischen Erkenntnisse der Beschreibung der Phänomene verhaftet und können nicht erklären, warum die Wahrnehmung so funktioniert, wie sie funktioniert.

Auf der Suche nach dem Wissen und der Erinnerung: Gehirn und Gedächtnis

Das klassische Experiment: Die Gedächtnisversuche von EBBINGHAUS

Um den Gesetzmäßigkeiten, die dem Gedächtnis zugrunde liegen, auf die Spur zu kommen, untersuchte EBBINGHAUS Lernleistungen, die von bisherigen Gedächtnisinhalten unabhängig sein sollten. Dabei konzentrierte er sich auf das Lernen sinnarmer Silben (z.B. LOM, ZUP). Diese mussten als Serie oder Liste unter standardisierten und kontrollierten Bedingungen auswendig gelernt und wieder reproduziert werden („reproduktive Gedächtnisforschung").

EBBINGHAUS führte dies in Selbstversuchen durch lautes Lesen und Memorieren so lange durch, bis er die Silben in der gegebenen Reihenfolge komplett wiedergeben konnte. Anschließend überprüfte er nach verschiedenen Zeitabständen, wie groß die Behaltensleistung war. Gelang eine vollständige Wiedergabe nicht, erfasste er, wie viele Wiederholungen notwendig waren, um das Lernmaterial wieder vollständig wiedergeben zu können („Ersparnismethode").

Als Hauptergebnis ergab sich, dass Gedächtnisleistungen um so besser sind, je häufiger das Lernmaterial wiederholt wird. Intensives Üben beim ersten Einprägen hat bei späterem Wiedererlernen einen großen Ersparniswert (Ganzheitshypothese). In der Zeit nach dem Einprägen der sinnlosen Silben wird schnell ein Großteil des Lernmaterials vergessen (nach einer Stunde die Hälfte, nach einem Tag zwei Drittel; Vergessenskurve). Gut ein Fünftel des Gelernten bleibt aber dauerhaft erhalten. Dies dürfte darauf zurückzuführen sein, dass das Gedächtnis aktiv und kreativ Bedeutungen konstruiert, also auch sinnloses Material in vorhandene Gedächtnisinhalte einbindet (***Schemata*** als organisierte Wissenseinheiten). Lernt man bedeutungsvolles, gut in vorhandenes Wissen eingliederbares Material, ist die Vergessensrate erheblich geringer.

Was würde passieren, wenn wir unseres Gehirns und damit unseres Gedächtnisses beraubt würden?

- Wir könnten keine Informationen mehr behalten.
- Wir wären unfähig, uns in der Zeit zu orientieren, hätten keine Vergangenheit, Gegenwart und Zukunft, allenfalls einen ständig vergehenden Augenblick des Bewusstseins.

- Wir würden uns nicht mehr in der Welt um uns herum zurechtfinden, hätten keine Kenntnisse in Form innerer Landkarten über sie.
- Wir wüssten nichts mehr über uns selbst, könnten nicht mehr über uns nachdenken und eine Identität entwickeln.
- Wir könnten die Erfahrungen, die wir und unsere Vorfahren gemacht haben, nicht mehr an unsere Kinder und Nachfahren weitergeben.

Wir wären nicht mehr Menschen. So überrascht es nicht, dass in vergangenen Zeiten und auch heute noch mit der Erforschung des Gehirns die Hoffnung verknüpft wurde, zum eigentlichen Wesen des Menschen vordringen zu können. Eine Auseinandersetzung mit Gehirn und Gedächtnis mündet schnell in eine Auseinandersetzung mit dem Denken und der Erinnerungsfähigkeit. Das Gehirn ermöglicht es uns einerseits, uns selbst zu betrachten und zu analysieren, andererseits stellt es selbst aber auch die Grenze unserer Erkenntnisfähigkeit dar. Wird dem Gedächtnis einerseits eine unbegrenzte Speicherfähigkeit nachgesagt, stoßen wir andererseits unablässig auf die Unvollkommenheit unserer Merkfähigkeit – in einer Kultur, in der dem Erinnern eine große Bedeutung beigemessen wird, ein kritisch beäugter Vorgang. Besonders dramatisch scheint dies vor der Notwendigkeit eines „lebenslangen Lernens" und einer täglich anschwellenden Informationsflut; schon der Versuch, alleine das Wissenswerte herauszufiltern, ist zum Scheitern verurteilt. Dem Zusammenhang zwischen Lernen, Erinnern und Vergessen ist HERMANN EBBINGHAUS nachgegangen.

Kurzbiographie: HERMANN EBBINGHAUS (1850-1909)
Nach dem Besuch des Gymnasiums studierte der als Sohn eines Fabrikanten in Barmen geborene Ebbinghaus in Bonn, Halle und Berlin Geschichte, Philologie und Philosophie. Nach der Promotion in Philosophie folgten mathematische und naturwissenschaftliche Studien, denen sich Reisen durch England und Frankreich anschlossen. Nach einer kurzen Zeit als Hauslehrer des Prinzen Waldemar am preußischen Hof entstand, basierend auf

umfangreichen Selbstversuchen, die Habilitationsschrift „Über das Gedächtnis" (1880; 1885), die die experimentelle Gedächtnisforschung begründete. Seine Vergessenskurve, die Ersparnismethode und die Ergebnisse zur Gedächtnisspanne gehören noch heute zu den Grunderkenntnissen der Gedächtnispsychologie. EBBINGHAUS schlug eine akademische Laufbahn ein. Er wurde Professor für Philosophie in Berlin, Breslau und Halle, gründete die „Zeitschrift für Psychologie und Physiologie der Sinnesorgane" und entwickelte einen ersten Intelligenztest für Kinder. 1909 starb EBBINGHAUS an einer Lungenentzündung.

Ist unser Gehirn für die Anforderungen, die wir an es stellen, überhaupt leistungsfähig genug? Wie funktioniert das Organ, das bei einem Anteil am Körpergewicht von weniger als 2,5 % im Ruhezustand für 20 % des Gesamtenergieverbrauches des Körpers verantwortlich ist? Was ist das Ergebnis davon, wenn ***Nervenzellen***, ***Neuronen***, sich mit einer Geschwindigkeit von 360 km/h Impulse zusenden und dies bis zu 500 Mal in der Sekunde wiederholen?

Die Grundlage des Gedächtnisses – das Gehirn

Von der Konsistenz einem weichgekochten Ei ähnlich bringt das Gehirn etwa 1,4 kg auf die Waage; bequem hat es auf einer Handfläche Platz. Ausgereift weist es etwa 100 Milliarden Neuronen auf. Jede Nervenzelle der Großhirnrinde, des ***Cortex***, ist mit bis zu 10 000 anderen Nervenzellen verbunden. Ein Gehirnstückchen von der Größe eines Zündholzkopfes weist bis zu einer Milliarde Verknüpfungen auf.
Durch welchen Vorgang wird die schier unvorstellbare Vernetzung hergestellt? Nach der neunmonatigen Schwangerschaft verfügt das Gehirn – trotz der nur 350 ccm – schon über die notwendige Endzahl an Nervenzellen. In den folgenden vier Jahren, in denen es auf rund 1 400 ccm anwächst, werden die Axone der Neuronen mit Myelin zunehmend isoliert, wodurch sich die Leitfähigkeit der Nervenzellen verstärkt, und die Neuronen untereinander verknüpft. Dieser Vorgang setzt sich bis zum 16. Lebensjahr fort.

Durch das Axon wird die Erregung vom Zellkörper der Nervenzelle zu mehreren Endknöpfchen weitergeleitet und über die Synapse zu anderen Neuronen übertragen.

Die ständige physiologische Veränderung des Gehirns ist das Ergebnis des im Grunde schon vor der Geburt einsetzenden Lernprozesses – von der Wahrnehmung der Stimme der Mutter über das erste Greifen, das Laufen und den Erwerb der Sprache bis hin zur ersten Lateinvokabel und der Kenntnis aller Pokemons. Das wachsende und sich verschaltende Gehirn ermöglicht uns eine optimale Anpassung an die Umwelt, in der wir leben, gleichgültig, ob es sich um die Erfordernisse einer industrialisierten Gesellschaft oder um die eines Naturvolkes handelt. Die von unserem Gehirn durch Einspeicherung von Informationen ermöglichten Lernprozesse sind Voraussetzung unseres Überlebens.
Die Neuronen des Gehirns reagieren sehr empfindlich und flexibel darauf, welche Verknüpfungen besonders notwendig und vorteilhaft sind. So wachsen, je nach Anforderung, in bestimmten Hirnregionen Schaltkreise deutlich ausgeprägter als in anderen. Das Ausmaß der umweltbedingten Stimulation entscheidet darüber, wie die Verbindungen zwischen den Neuronen geknüpft werden. Damit wird aber auch über unsere Gedächtnisinhalte, unsere individuelle Erinnerung und Persönlichkeit entschieden. Erfahrungen, die nicht gemacht werden, können bei der Formung unserer Persönlichkeit über das genetisch Angelegte hinaus keine Rolle spielen, und Erinnerungen, die wir nicht in unserem Gedächtnis verankern, stehen uns später nicht zur Verfügung.

Betrachtet man Lernen als Erwerb oder Veränderung von Gedächtnisinhalten, sind Lernen und Gedächtnis nicht voneinander zu trennen.

Um es noch einmal zu betonen: Die Stärke des Gehirns liegt in seiner Flexibilität und Veränderbarkeit. Diese beruht vor allem auf dem Cortex, der charakteristisch gefalteten Großhirnrinde. Auf der etwa zwei Millimeter dicken Schicht lassen sich 50 bis 100 separate Funktionsbereiche unterscheiden. Lange Zeit wurde über Gehirnkarten der Organisation von Verhaltenssteuerung und Gedächtnis auf die Spur zu kommen versucht. Besonders Hände und Mund beanspruchen einen großen Teil auf dem motorischen Cortex, sie stellen für den Menschen die bedeutendsten Körperbereiche in der Auseinandersetzung mit der Umwelt dar – je präziser die Bewegung, umso größer das Hirnareal. Im Vergleich zu anderen Lebewesen ist beim Menschen der so genannte präfrontale Cortex am stärksten gewachsen, der für das Arbeitsgedächtnis, die zeitlich und örtlich richtige Zuordnung von Erinnerungen und unsere Persönlichkeit und Individualität verantwortlich gemacht wird.

Das Netzmodell der Erinnerungsbildung

Geklärt wurde bislang noch nicht, was auf der neuronalen Ebene passiert, wenn wir neue Erfahrungen und Erinnerungen einspeichern. Eine Modellvorstellung ist die der neuronalen Netze. Die parallel und gleichzeitig arbeitenden Milliarden von Nervenzellen organisieren sich danach selbst in Nervengruppen aus Hunderten von Neuronen, die miteinander in intensivem Kontakt stehen. Im Sinne eines Erkennens von Mustern stellen sich ihre Verbindungsstärken wechselseitig ein.

Zur Verstärkung und Sicherung der eintrainierten Reizmuster verändern sich zudem die Synapsen: Verbindungen zu anderen Neuronen können durch die Freisetzung mehrerer Transmitter, durch eine Vergrößerung der Anzahl der Rezeptoren und durch eine Veränderung von deren Charakteristika verstärkt werden. Synapsen „lernen“ als Teile der Nervenzellen durch „Erfahrung“, also durch einen wiederholten Austausch gleicher oder ähnlicher Impulse mit anderen Nervenzellen.

Jede Information, die wir lernen, wird also von einer charakteristischen Verschaltung von Neuronengruppen repräsentiert, die sich als Informationsnetzwerk selbst organisieren. Jedes Neuron kann an einer großen Anzahl von Neu- ▸ S. 56

Disziplinen der

Grundlagen

Allgemeine Psychologie
Erleben und Verhalten

Differentielle Psychologie
Unterschiede im Erleben und Verhalten

Entwicklungspsychologie
Veränderung durch Entwicklung

Sozialpsychologie
Menschen und Gruppen

Ökologische Psychologie
Mensch und Umwelt

Biopsychologie
Organische Grundlagen des Erlebens und Verhaltens

Psychologie

Anwendungen

ronengruppen und damit an einer großen Anzahl von Informationseinheiten teilhaben; die Abläufe der Erregungsmuster sind jeweils typisch anders. Erinnern ist ein komplexes Verschalten von Nervenzellen.
Weiterhin sind bei nahezu jeder einzuspeichernden Information mehrere Gehirnregionen aktiv. Sie arbeiten gleichzeitig parallel und hängen in organisierter Weise zusammen. Erinnern beruht damit auf einer Mehrfachverarbeitung von Informationen, bei der auch immer beide Hirnhälften – die linke ist eher für eine sprachliche Einordnung und Kategorisierung zuständig, die rechte für das Gefühlshafte und Bildhafte – zusammenarbeiten. Bei der Verarbeitung von Informationen, bei Lernvorgängen beschäftigt sich das Gehirn daher fast ausschließlich mit sich selbst. 99,9 % der cortikalen Neuronen erhalten ihren Impuls von anderen cortikalen Neuronen, so wie sie ihren Impuls wiederum an cortikale Neuronen weitersenden. Das Gehirn ist also nicht vorrangig mit der Verarbeitung von Außenreizen beschäftigt, sondern es verknüpft und vergleicht diese ständig mit den gespeicherten Erinnerungen und Gefühlen. Dabei kommt es zu einer unablässigen Umformung von gespeicherten Informationen. In diesem Sinne gibt es keine „alten" Erinnerungen, vielmehr werden durch ständige Assoziationen, durch ständiges Wiedererinnern Erinnerungen aufgefrischt und umgeschrieben. Bis komplexe Erinnerungen oder Wissensgebiete in diesem Kreislaufprozess der Verbreitung richtig fest konsolidiert sind, kann es bis zu zwei Jahre dauern.

Die verschiedenen Gedächtnisarten

Auf welchem Weg gelangen Informationen aus unserer Umwelt überhaupt in unsere Erinnerung? Ein inzwischen abgewandeltes und erweitertes Modell, das versucht, den Prozess der Informationsverarbeitung zu veranschaulichen, ist das von Atkinson und Shiffrin. Es geht von mehreren aufeinander folgenden Teilsystemen aus, die unterschiedliche Funktionen haben.

Als Gedächtnis kann die Fähigkeit von Lebewesen bezeichnet werden, Informationen über einen langen Zeitraum aufzubewahren.

Durch das ***sensorische Register*** (***Ultrakurzzeitgedächtnis***) wird die nahezu unendliche Anzahl ständiger Sinneseindrücke aufgefangen und für Sekundenbruchteile festgehalten. Wird einem Sinneseindruck die Aufmerksamkeit zugewandt, kann er als Information in das ***Kurzzeitgedächtnis*** gelangen (***Enkodierung***), die anderen Reizspuren zerfallen.
Dies ist auf sieben (plus/minus zwei) Informationseinheiten (***Chunks***) beschränkt. Solche können Einzelinformationen – eine Ziffer oder ein Buchstabe – oder Gruppierungen (***Cluster***) von Informationen – eine Dreiergruppe aus Zahlen, ein Wort oder ein Satz –, die als zusammengehörig verarbeitet werden, sein. Durch entsprechende Aufmerksamkeit und Wiederholung können Informationen im Kurzzeitgedächtnis bis zu 30 Minuten bestehen bleiben. Was länger als 30 Minuten überlebt, wird zumeist auch in den nächsten Tagen nicht vergessen und arbeitet dem ***Langzeitgedächtnis*** zu. Häufige Wiederholung kann dem ständigen Zerfall neuer Informationen entgegenwirken und eine sicherere Überführung der Informationen in das langsamer verarbeitende Langzeitgedächtnis ermöglichen.
Das Kurzzeitgedächtnis kann mit unserer psychologischen Gegenwart verglichen werden. Es stellt unseren sich ständig wandelnden Bewusstseins- und Erlebnisstrom dar, in dem Informationen aus der Außenwelt, aber auch Informationen aus unserer Erinnerung verfügbar gemacht werden können. Fatal ist, dass unser Kurzzeitgedächtnis störanfällig ist, innere und äußere Reize können den Inhalt ständig beeinflussen, verändern oder verdrängen. Positiv formuliert: Das Kurzzeitgedächtnis reagiert schnell und flexibel auf Veränderungen um uns herum.
Eine Abwandlung des Modells spricht von einem ***Arbeitsgedächtnis***, das aktiv an der Bewältigung von kognitiven Aufgaben beteiligt ist (***Multikomponentenmodell***). Untergliedert werden kann es u.a. in eine phonologische Schlei-

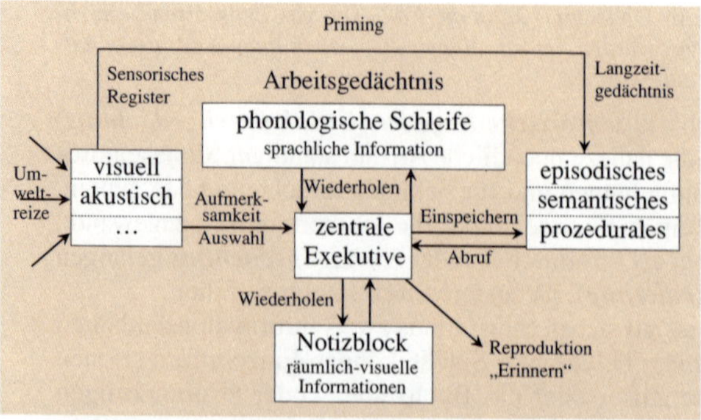

fe, in der durch Wiederholen sprachliche Informationen vor dem Zerfall bewahrt werden. Der Notizblock verarbeitet räumliche und visuelle Informationen. Die zentrale Exekutive schließlich koordiniert und bewältigt den Abruf von Informationen aus dem Langzeitgedächtnis und den Informationsaustausch mit den beiden anderen Teilbereichen. Durch die Arbeitsteilung wird die gleichzeitige Bewältigung zweier Aufgaben möglich.

In das Langzeitgedächtnis schließlich gelangt das zu Lernende erst nach einem längeren inneren Verarbeitungsprozess, bei dem ganz verschiedene Hirnregionen beteiligt sind und im Sinne einer zirkulären Verarbeitung, eines Verarbeitungskreislaufes, zusammenwirken. Die alleinige Absicht, sich etwas merken zu wollen, reicht nicht aus, zentral ist eine stete und andauernde Wiederholung. Besonders Eindrucksvolles kann auf Grund einer größeren Verarbeitungstiefe schneller aufgenommen werden.

Einfache und grundlegende Informationen werden im Sinne eines Netzes von Informationen dazu benötigt, schwierige, komplexe und abstrakte Informationen nicht nur verstehen, sondern überhaupt speichern zu können. Wissen kann also besonders gut behalten werden, wenn es an Sinn und Bedeutung schon gelernten Materials anknüpft. Theoretisch ist dann Information von einer unbegrenzten Menge speicherbar. Fehlt eine Wissensbasis, ein schon geknüpftes Netz aus Erinnerungen zu einem Bereich, können anspruchsvollere Informationen nicht eingegliedert werden – sie fallen dem Vergessen anheim. Um ein Buch über Wirtschaftskreisläufe verstehen zu können, reicht es nicht aus, Buchstaben und Wörter lesen zu können.

Dass etwas nicht erinnert werden kann, muss nicht bedeuten, dass es nicht behalten wurde – es kann lediglich der Abruf aus dem Gedächtnis nicht gelingen.

Unser ***autobiographisches*** (***episodisches***) ***Gedächtnis*** bewahrt Wissen über unseren Lebenslauf, über all das, was wir wahrnehmen, erleben und erfahren, auf. Es gibt unserem Leben Zeitstruktur und lässt uns Erinnerungen mit Orten verknüpfen, gleichsam wie in einer Lebenserzählung. Durch die vielen Erinnerungsbilder ist unser autobiographisches Gedächtnis besonders plastisch und gefühlsintensiv. Außerdem lässt es uns erinnern, woher, in welcher Situation wir Wissen erworben haben.
Unser ***semantisches Gedächtnis*** bewahrt das Faktenmaterial für uns auf, ist unser inneres Wissenssystem. Hier finden wir abstrakte Begriffe, Regeln, es ist unser geistiges Wörterbuch und Lexikon. Dabei ist es wie ein Begriffsnetz und eine Begriffshierarchie aufgebaut, die einzelne Begriffe und Regeln stehen also in einer sinnvollen Beziehung zueinander. An der Erweiterung und Umgestaltung dieses Netzwerkes arbeiten wir ein Leben lang. Angewiesen ist das semantische Gedächtnis auf den Gebrauch von Sprache.
Neben diesem ***deklarativen***, also sprachlich und bildlich darstellbaren Gedächtnis verfügen wir noch über ein so genanntes ***prozedurales Gedächtnis***. Es bewahrt Bewegungsabläufe für uns auf (Radfahren, Binden von Schnürsenkeln, Behalten von Telefonnummern als Weg über die Tastatur oder Tonfolge des Handys). Schließlich gibt es noch den ***Priming*** genannten Vorgang, wenn wiederholt auftretende Wahrnehmungsreize und Situationen schnell und direkt ins Langzeitgedächtnis übernommen werden.

Woher rühren Gedächtnisschwierigkeiten?

Lässt man krankheits- und organbedingte Ursachen weg, lassen vor allem Stimmungen, Gefühle und körperliche Reaktionen auf Belastungen, denen wir ausgesetzt werden, unser Gedächtnis manchmal nicht das leisten, was wir von ihm erwarten. Auf schulische Leistungen können sich beispielsweise Ängste, Stress, aber auch Niedergeschlagenheit, Trauer oder Wut und Freude auswirken.

> **Hemmungsphänomene während des Lernprozesses**
> Unter ***proaktiver Hemmung*** wird verstanden, wenn eine Gedächtnisleistung durch vorher stattgefundenes Lernen beeinträchtigt wird. Dies tritt vor allem bei der Ähnlichkeit zwischen Lernstoffen ein. Werden beispielsweise nach italienischen Wörtern spanische gelernt, kann auf Grund der Ähnlichkeit des Wortmaterials eine Verwechslung eintreten.
> Bei der ***retroaktiven Hemmung*** werden Gedächtnisleistungen durch später erfolgende Lernprozesse geschmälert. Auch hier ergibt sich eine Konkurrenz zwischen ähnlichen Lernstoffen oder das erste Lernergebnis wird durch das Lernen des zweiten wieder verlernt.
> Aus beiden Hemmungsphänomenen ergibt sich die Notwendigkeit zu einem bewussten Wechsel von Lernstoffen und zu Pausen, in denen Gelerntes verarbeitet werden kann.

Hat ein Schüler in einer Prüfungssituation eine das gesunde und aktivierende Maß überschreitende Angst, leidet vor allem das Abrufen gelernter Informationen darunter. Er ist sich seiner Antwort nicht mehr sicher; es herrscht zwar ein diffuses Gefühl vor, etwas zu der Frage zu wissen, doch fehlt der Erinnerung Klarheit und Zuverlässigkeit. Die Formulierung der Antwort bedarf übermäßig viel an Zeit.
Auch Stress führt zu ähnlichen Phänomenen, so wie sich die ursächlich zugrunde liegenden körperlichen Abläufe bei Angst und Stress gleichen. Das genetisch eingewurzelte Reaktionsmuster, Bedrohungen durch Kampf oder Flucht zu begegnen und dafür körperliche Energie durch Ausschüttung von Adrenalin bereitzustellen, ist zur Bewältigung einer Prüfungssituation oder eines Bewerbungsgespräches nicht geeignet. Als Folgen können auftreten:

- Blackouts: Man kann nicht auf gespeichertes Wissen zurückgreifen oder versteht nicht mehr, was gefragt wurde oder was man sagen wollte. Häufig ist das Wissen im Nachhinein wieder verfügbar.
- Tip-of-the-Tongue-Phänomen: Das – meist allerdings trügerische – Gefühl, das Wissen liege auf der Zunge, könne nur nicht formuliert werden.
- Den-Faden-Verlieren, Versprecher und Fehlhandlungen, Gedankenlosigkeiten und Zerstreutheiten.

Auch einschneidende Lebensereignisse wie der Tod eines Familienmitgliedes sowie andauernde Belastungen oder schulische Überforderung können zu Gedächtnisproblemen führen. Die als hoffnungslos erlebten Stimmungen lassen kaum eine Konzentration etwa auf einen schulischen Lernstoff zu. Das Denken kreist um das Problem und die eigene Person, die Aufmerksamkeit kann nicht zielgerichtet Lerninhalten zugewandt werden.

Damit das Gedächtnis funktioniert

Lernen gelingt in einer vertrauten, entspannten und ablenkungsarmen Atmosphäre am besten. Dies sollte sich auch in der Gestaltung des häuslichen und schulischen Arbeitsplatzes, in der Zeitplanung, in den eingelegten Pausen und Erholungsmöglichkeiten niederschlagen.
Wichtig ist weiter, auf einen langen und erholsamen Schlaf zu achten. Hirnphysiologisch ist der Schlaf wichtig, um notwendige Eiweiße (Proteine) zu produzieren und einzulagern, die als Reservoir tagsüber für das Aufbauen von Erinnerungen gebraucht werden. Zudem ruhen im Schlaf die Hirnaktivitäten nicht, das Verarbeiten und Einspeichern von Eindrücken und Erlebnissen geht weiter.
Vorteilhaft für eine problemlosere Aufnahme von Wissen ist zudem, wenn schon Kinder und Jugendliche bewusst ein ***Metagedächtnis*** aufbauen. Jeder von uns erwirbt sich während seines lebenslangen Lernens mehr oder weniger diffuse Vorstellungen davon, wie sein Gedächtnis funktioniert

und wie er sich am besten Lerninhalte einprägen kann. Dieses Wissen über das eigene Lernen kann bewusst erweitert und vertieft werden: In welcher Reihenfolge sollen die Aufgaben erledigt werden? Wie können verschiedene Lernwege verknüpft werden? Wie bereite ich mich auf eine Prüfung vor? Wie bewältige ich den Prüfungsablauf? Wie lerne ich Fremdwörter oder eine Fremdsprache? Wie bearbeite ich einen Text? Wie lerne ich Exzerpte?

Damit ist schon die aktive Auseinandersetzung mit Wissen und Lernstoff angesprochen. Sie ist für einen vertieften Lerneffekt notwendig, besonders, wenn mit Material gearbeitet werden soll: Texte bearbeiten und zusammenfassen, Schlüsselbegriffe herausarbeiten, eine Strukturskizze erstellen, eine Mindmap entwerfen. Dem eigenständigen Bilden von Strukturen, dem Erkennen von Zusammenhängen, Ähnlichkeiten und Unterschieden kommt eine große Bedeutung bei der Verankerung von Wissen zu.

Was kann beim eigentlichen Lernen von Inhalten helfen? Viele kleine, bewusst aufgeteilte Lernschritte sind besser als ein massiertes Lernen, durch das das Wissen lediglich mangelhaft abgespeichert werden kann. In der Prüfung fehlt dann der zielgerichtete Zugriff auf das gefragte Wissen, und kurz nach der Prüfung geht die Möglichkeit, das Gelernte abzurufen, schnell verloren. Am Tag vor einer Prüfung sollte ohnehin nichts Neues mehr erarbeitet werden, sondern das Gehirn sollte die Möglichkeit haben, das Gelernte zu verarbeiten und zu ordnen.

Sinnvoll ist es weiter, das zu lernende Wissen mehrfach zu kodieren, gewissermaßen in verschiedenen, miteinander im Austausch stehenden Hirnregionen parallel abzuspeichern. Also sollte man das Lernmaterial nicht nur lesen oder sich ansehen, sondern selbst darüber sprechen oder es sich erzählen lassen, es aufschreiben, unterstreichen, farbig hervorheben usw. Als besonders effektiv hat sich herausgestellt, die sprachliche Ebene von Informationen und innere Vorstellungen und Bilder einzubeziehen, den Stoff räumlich-visuell durch Strukturskizzen und Mindmaps aufzubereiten.

Das Gehirn versucht zunächst, einfache Muster und Grundlagen aufzunehmen und erst darauf, sich komplexere Strukturen und Stoffe anzueignen. Nur wenn ein solides Grundwissen und geübte Grundfertigkeiten verankert sind, können komplexere und anspruchsvollere Wissensstrukturen eingegliedert werden. Dies wiederum ist die Voraussetzung dafür, etwas abstrahieren oder auf einen anderen Wissenszusammenhang übertragen zu können. Selbst hochbegabte Kinder werden nur dann erfolgreiche Schüler und Spezialisten in Wissensgebieten, wenn sie sich in einem beständigen und zu Beginn zeitaufwendigen Prozess ein aus fundierten Grundlagen bestehendes Wissensnetz aneignen.
Ziel des menschlichen Lernens und Erinnerns ist letztlich, ein sich immer mehr verdichtendes Netz von Wissen entstehen zu lassen, in das neues Wissen immer müheloser und schneller eingegliedert werden kann. Nur so ist eine schnelle, flexible und effektive Reaktion auf sich wandelnde Umweltbedingungen möglich. Das ***Lernen*** geht dann zudem im Laufe des Lebens von einem ***expliziten***, also bewusst angestrengten Lernen zu einem ***impliziten***, also unbewussten oder selbstgesteuerten Lernen über, das wie von selbst geschieht.

Wenn uns das Gleichgewicht fehlt

Gibt es überhaupt psychische Erkrankungen?

Was heißt denn schon „normal"? Wo soll der Maßstab dafür gesetzt werden, was gerade noch als „normal" zu gelten hat? Und wer hat das Recht, diesen Maßstab zu setzen? Je nach der angelegten Norm können menschliche Eigenschaften und Verhaltensweisen ganz unterschiedlich bewertet werden. Das objektive Kriterium, das auf einem statistisch errechneten Durchschnitt beruht, etikettiert jedes selten auftretende Phänomen als „anormal".
Ganz anders stellt sich dies dar, wenn man einen soziokulturellen Maßstab anlegt. Dieser stellt Forderungen auf, wie etwas idealerweise sein soll, und diese Forderungen können sich je nach Kultur, Epoche oder Schichtzugehörigkeit sehr stark unterscheiden. Das subjektive Kriterium schließlich geht vom individuellen Befinden des einzelnen Menschen aus. Hier ist das Entscheidende, ob sich ein Individuum körperlich, geistig, psychisch oder sozial als beeinträchtigt erlebt.
Die Übergänge zwischen alltäglichem und auffälligem Verhalten sind fließend, so wie sich die psychischen Krankheiten oft schleichend einstellen. Auch Gesunde weisen während belastender Lebensabschnitte Symptome psychischer Erkrankungen wie Schlafstörungen oder Konzentrationsschwierigkeiten auf, auch psychisch Kranke können Teile des Lebensalltags durchaus unauffällig bewältigen. Durch Selbstheilungs- und Bewältigungsversuche können zudem Krankheitssymptome lange Zeit verborgen bleiben.

*Eine **Krise** ist eine vorübergehend belastende Veränderung der Person, durch die der Lebensablauf, das eigene Erleben und Verhalten einem Wandel unterworfen werden.*

Den psychischen Störungen liegen nicht nur viele unterschiedliche Ursachen zu Grunde, auch die einzelnen Erkrankungen selbst können sich in ihrer Ausprägung und in ihrem Verlauf stark unterscheiden: Manche treten nur selten oder einmalig auf, andere werden zu einer langen Leidensgeschichte (Chronifizierung) oder bleiben latent erhalten, ohne dass sie den Betroffenen weiter beeinträchtigen.

Diagnostische Klassifikationssysteme
Sie dienen der Ordnung und Systematisierung des Wissens über psychische Erkrankungen. Bei ***typologischen Klassifikationen*** wird versucht, die Auffälligkeiten einer Störung zu beschreiben und diese – auch in ihren Ursachen und ihrem Verlauf – zu charakterisieren (***Neurose***, ***Psychose***). Allerdings kann nicht bei allen Betroffenen von einzelnen Symptomen auf die gesamte Störung zurückgeschlossen werden und das subjektive Urteil des Diagnostikers kann zu Fehlschlüssen führen. ***Operationalisierte Klassifikationen*** verzichten auf die Beschreibung einer idealtypischen Störung und listen vielmehr Kriterien auf. Es wird gewissermaßen lediglich die momentane Symptomatik einer Erkrankung benannt, ohne sich mit Ursachen und Verlauf der Krankheit auseinander zu setzen.
Letztlich bleibt jede psychiatrische Diagnose eine vorläufige.
Klassifikationssysteme:
DSM IV (Diagnostisches und statistisches Manual)
ICD-10 (Internationale Klassifikation der Krankheiten)

Bei allen seelischen Erkrankungen wird inzwischen eine anlagebedingte Disposition angenommen. Hinzu kommen die individuelle Entwicklungsgeschichte sowie als Krankheitsauslöser bestimmte akute Belastungsfaktoren und Lebensereignisse. Zurück zu der Frage: Wann ist ein Mensch psychisch krank? Zu den Krankheitssymptomen muss eine gewisse Dauer der Störung und eine deutliche Beeinträchtigung bei der Bewältigung des Alltages hinzukommen. Zudem leidet der Betroffene meist unter den Einschränkungen und kann sie selbst nicht mehr ausreichend beeinflussen (Leidensdruck).
Leider ist nach wie vor die Auseinandersetzung mit psychischen Störungen von vielen Vorurteilen geprägt. Psychische

Übersicht psychischer Erkrankungen

Organische Störungen:

Demenz, Pick-Erkrankung, Creutzfeldt-Jakob-Syndrom, Verwirrtheit, Korsakow-Syndrom; sind gekennzeichnet durch Intelligenzabbau in Kombination mit Orientierungs- und Gedächtnisstörungen; so verändern sich die Wahrnehmungen, werden Probleme schwer lösbar und die Personen finden sich in ihrer Gegenwart nicht zurecht.

Abhängigkeit und Missbrauch:

Suchterkrankungen wie Alkoholismus, Medikamentenmissbrauch oder Spielsucht; charakteristisch ist, dass Betroffene die Illusion haben, ihr Verhalten kontrollieren zu können, dabei sich ihr Verhalten aber zunehmend auf den Abusus und die Steigerung des Suchtverhaltens ausrichtet und sich Schuldgefühle einstellen.

Schizophrenien und psychotische Störungen:

Krankheiten, bei denen sich

- Veränderungen im Denken und Fühlen (Desorganisation),
- im Verhältnis zur Welt, die als bedrohlich und feindlich eingeschätzt wird (paranoid-halluzinatorisches Erleben) oder aus der Geräusche und Stimmen zu den Betroffenen sprechen (Wahn), ergeben
- und dadurch ein sozialer Rückzug
- sowie Entscheidungsunfähigkeit und mangelnde Handlungsfähigkeit folgen.

Affektive Störungen:

Depressionen (siehe unten).

Belastungs- und neurotische Störungen:

Angst- und Zwangsstörungen (siehe unten).

Verhaltensauffälligkeiten und psychische Störungen mit Körpersymptomen:

Ess-Störungen (Anorexia nervosa, Bulimie, Adipositas), Schlafstörungen, sexuelle Funktionsstörungen.

Persönlichkeitsstörungen:

Personen, die über kein zur Lebensbewältigung zweckmäßiges Verhalten verfügen: paranoide Persönlichkeit (Misstrauen gegenüber der Umwelt), schizoide Persönlichkeit (Unfähigkeit, gefühlsmäßige Regungen mitzuteilen), dissoziale Persönlichkeit (Rücksichtslosigkeit, mangelnde Anpassungsfähigkeit), emotional instabile Persönlichkeit (Borderline-Störung bis hin zur Selbstschädigung), histrionische Persönlichkeit (Abhängigkeit von den Bewertungen anderer).

Innerpsychische Veränderungen
leidvolle und bedrohliche Veränderung des Denkens und Fühlens, des Raum- und Zeiterlebens, Verlust von Entwicklungsmöglichkeiten

Veränderung der Persönlichkeit

psychische Erkrankung

Veränderung der Entwicklungsmöglichkeiten
mangelnde Bewältigung normaler Aufgaben, Verlust einer Zukunftsperspektive

Veränderung der sozialen Beziehungen
Abreißen sozialer Kontakte und Isolation durch einen Verlust der Fähigkeit, mit anderen Menschen Beziehungen zu unterhalten

Erkrankungen werden mit einem völligen Verlust von Fähigkeiten oder Kontrolle gleichgesetzt; häufig werden sie dramatisiert. Die Psychiatrie wird eher als Institution der Verwahrung denn als Fachklinik zur stationären oder ambulanten Behandlung und Bewältigung psychischer Erkrankungen gesehen. So wird Hilfe zu spät oder gar nicht in Anspruch genommen, obwohl bei psychischen Störungen eine frühzeitige Betreuung den Leidensweg deutlich verkürzen kann.

Angst bestimmt mein Leben

Angst gehört zur biologischen Grundausstattung des Menschen und zum Lebensalltag wie das Atmen. Sie verursacht nicht nur Leid und ist nicht nur Last, sondern erfüllt für unsere Lebensbewältigung eine wichtige Funktion: Angst hat Alarmfunktion, mobilisiert wichtige Kräfte und garantiert so Schutz und Lebenserhaltung. Mit einem angemessenen Ausmaß von Angst können Leistungen und Motivation gesteigert werden, die Wachheit, Konzentration und Sorgfalt nehmen zu, Probleme werden bewusster erkannt und gelöst.

Furcht	Angst
Reaktion auf eine eindeutig benennbare Bedrohung, die nachvollziehbar oder auch nicht nachvollziebar sein kann. Beispiele: Klaustrophobie, Agoraphobie. Nach dem kurzen, heftigen Entstehen geht sie mit dem Verschwinden der „Gefahr“ zurück.	Anhaltendes Gefühl, dessen Anfang und Ende nur schwer bestimmbar ist, so wie der Betroffene auch nicht ohne Weiteres angeben kann, wo der Grund für die Anspannung liegt. Manchmal ist das diffuse Gefühl von den Betroffenen selbst gar nicht als Angst identifizierbar, sie werden ihnen erst durch Hinweise von außen bewusst.

Auf der anderen Seite verursacht ein Unmaß von Angst großes Leid – nicht unbegründet leitet sich das Wort von lat. „angustiae“ (griech. „angh“), der Enge, Not, Engherzigkeit ab. Bei langem Andauern und großem Ausmaß ergeben sich körperliche Langzeitfolgen sowie Müdigkeit und Erschöpfung. Die geistigen Fähigkeiten und Interessen werden eingeschränkt oder kommen zum Erliegen. Die Bewältigung des Lebensalltages wird behindert. Dies liegt vor allem daran, dass unsere Erwartungen von Angst sie als deutlich ausgeprägter befürchten lassen, als sie später dann wirklich ist (Angst vor der Angst). Ebenso wird die Gefährlichkeit von Situationen, in die man sich begeben muss, weit überschätzt, so dass sie gemieden oder geflohen werden, um sich vor dem unangenehmen Erlebnis zu schützen. Nicht die Ereignisse selbst lösen damit häufig eine Angst aus, sondern die Bedeutung, die wir einem bestimmten Ereignis geben. Und diese Bedeutung ist abhängig von der Gesamtsituation, der Stimmung, in der wir uns befinden, und unseren bisherigen Erfahrungen. Ein und dasselbe Ereignis kann bei unterschiedlichen Menschen unterschiedliche Gefühle auslösen.

Die Komponenten des Angstsystems

Bei Angsterleben ist die psychophysische Gesamtheit des Menschen beteiligt:

- physiologische Komponente: allgemeine Aktivierung wie erhöhter Puls, Erröten, beschleunigte Atmung, Muskelanspannung, Ausschüttung von Hormonen, Harn- und Stuhldrang, Druck im Magen, Kloß im Hals, Mundtrockenheit, Benommenheit, Zittern, Schwitzen.
- subjektiv-emotionale Komponente: Ihre Intensität hängt meist mit der Heftigkeit der körperlichen Reaktionen zusammen; eigentliches Angstgefühl, Erschrecken, Gefühl der Minderwertigkeit.
- kognitiv-verbale Komponente: Erwartungshaltungen bezüglich der Angst, Gedanken, die die Angst selbst auslösen, sie begleiten und verstärken können, Selbstbeobachtungen in Gedanken, selbstabwertende Gedanken.
- verhaltensorientierte Komponente: Vermeiden der Situation, Aufschieben der Vorbereitung, ablenkende Verhaltensweisen, linkische Körperbewegungen.

Gerade auch angstvolle Gedanken können zu Selbstblockade und Handlungsunfähigkeit führen. Sie scheinen sich zu verselbstständigen und die Herrschaft in uns zu übernehmen.

Wie kommt es zu einer Angstattacke?

Es gibt verschiedene Modelle, mit denen ***Angstattacken*** erklärt werden können. Verwiesen sei beispielsweise auf das Modell der klassischen Konditionierung. Es können aber auch wahrnehmungs- und kognitionspsychologische Prozesse festgestellt werden.
Zwischen den einzelnen Menschen ist die Angstanfälligkeit sehr unterschiedlich. Dies liegt vor allem daran, mit welcher Aufmerksamkeit – gesteigerte innere Bereitschaft (***Hypervigilanz***) aufgrund von Vorerfahrungen und Einstellungen – die Umwelt nach unbekannten und verunsichernden Situationen abgesucht wird (visuelles „scanning“). Wird etwas „Bedrohliches“ wahrgenommen, engt sich die Aufmerksamkeit auf diese „Gefahrenreize“ ein; andere Informationen werden vernachlässigt. Mit dem „Erkennen“ des „Bedrohlichen“ folgt eine Art Erstarrung und eine stark steigende innere Erregung (Überschätzung der Gefahrenreize).

Wird die Situation schließlich als Gefahr interpretiert, tritt Angst auf und in der Folge das Flucht-, Vermeidungs- oder Bewältigungsverhalten.

Mut ist die Fähigkeit, trotz intensiver Angst oder Furcht ein Verhalten auszuführen.

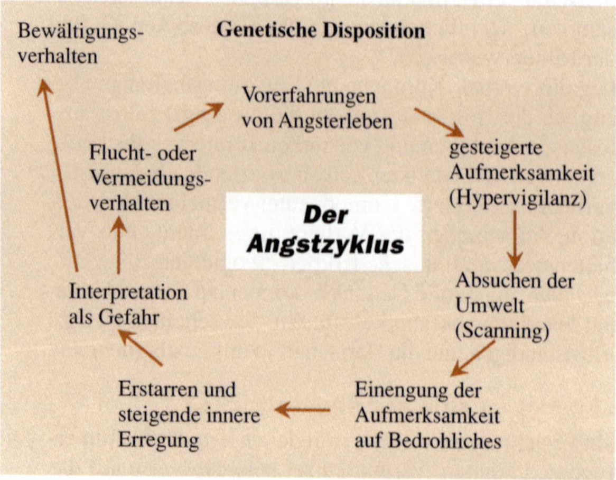

Leidet jemand beispielsweise unter der Angst, sich an öffentlichen Orten unter vielen Menschen, etwa in einem Einkaufszentrum, aufzuhalten, ist schon auf dem Weg dorthin die Wahrnehmung auf mögliche Gefahrenreize ausgerichtet. Schon im Vorfeld – auf der großen, freien Parkplatzfläche, bei den Menschenmengen im Eingangsbereich – engt sich die Wahrnehmung auf diese verunsichernden Reize ein; die Gesamtsituation wird ausgeblendet. Wird beides als bedrohlich erlebt und als Gefahr interpretiert (Angstattacke), wird das Einkaufszentrum wieder verlassen (Flucht) oder werden begleitende Personen gebeten, die Einkäufe zu erledigen (Vermeidung). Mit der unbewältigten Situation verfestigt sich die Angst weiter.

Stellt sich der Betroffene der Angstsituation, geht nach überschaubarer Zeit das Angstniveau zurück. Löst sich die Angstattacke wieder auf, können die erlebten Gefühle als zeitlich begrenzt und unbegründet verarbeitet werden. Es stellt sich eine Neubewertung der Situation ein (Bewältigung).

Systematische Desensibilisierung
Die systematische Desensibilisierung ist ein verhaltenstherapeutisches Standardverfahren zum gezielten Verlernen von Ängsten. Dabei wird die zuvor in einen entspannten Zustand versetzte Person allmählich und stufenweise mit einem bewältigbaren, Furcht erregenden Reiz konfrontiert (Konfrontationsbehandlung). Begonnen wird mit einem geringen Grad der angsterzeugenden Situation, um dann zu höheren überzugehen (Reihenfolge in einer Angsthierarchie). Da sich Angst und Entspannung nicht miteinander vereinbaren lassen, kann die Situation nun angstarm oder angstfrei erlebt werden, sie verliert Schritt für Schritt ihre Gefahrenreize; die Angst wird gelöscht. Dies kann in der

- inneren Vorstellung oder der
- wirklichen Situation (***In-vivo-Konfrontation***)

geschehen und von dem Modellverhalten des Therapeuten oder einer anderen Person unterstützt werden.
Beim ***Flooding*** findet eine massierte Konfrontation mit der Angstsituation in der Wirklichkeit statt, bei der ***Implosion*** eine übersteigerte Konfrontation in der Vorstellung.

Formen von Angststörungen

Panikstörungen: wiederholtes Auftreten einer unerwarteten, plötzlichen, intensiven, anfallsartigen und sich verselbstständigenden Angst durch eine „katastrophierende" Fehlinterpretation körperlicher Empfindungen

Agoraphobie: Furcht vor dem Aufenthalt an öffentlichen Orten und vor Menschenansammlungen; ist häufig begleitet von der Furcht vor dem Alleinsein (Vereinnahmung der Lebenspartner), weil die Phobie zu einem Rückzug aus immer mehr Lebensbereichen führt; steht in engem Zusammenhang mit Panikstörungen

soziale Phobien: anhaltende Angst vor sozialen Situationen, in denen sich der Betroffene beobachtet fühlt

spezifische Phobien: stark ausgeprägte Angst vor bestimmten äußeren Bedingungen wie Objekten (Spinnen) und Orten (Höhen);

die Angst steht dabei in keinem vernünftigen Verhältnis zur Bedrohung, was die Betroffenen durchaus wissen, ohne aber die Angst kontrollieren zu können

generalisierte Angststörung: monatelang anhaltende oder wiederkehrende, übermäßige, unrealistische Angst und Besorgnis (chronic worries) hinsichtlich befürchteter Ereignisse wie Krankheiten oder finanzieller Probleme mit dem vergeblichen Ziel, Sicherheit zu finden; geht häufig mit Depressionen, Ruhelosigkeit und gesteigerter Reizbarkeit einher

Zwangsstörung: absichtlich ständig stereotyp wiederholte irrationale Handlungen wie Händewaschen oder Kontrollieren von Gefahrenquellen; zwanghaftes Wiederkehren von inakzeptablen oder Widerwillen auslösenden sexuellen, aggressiven oder blasphemischen Gedanken; dabei sind sich die Betroffenen der Unsinnigkeit ihre Verhaltens bewusst, ohne dass sie es deswegen unterlassen könnten

Posttraumatische Belastungsstörung: schwere, chronische Angstkrankheit aufgrund belastender Erinnerungen nach Naturkatastrophen, Unfällen oder gewalttätigen Überfällen; entwickelt sich damit aus einer ursprünglich durchaus angemessenen und verständlichen Angst

Soziale Phobien und Leistungsängste

Gerade Ängste vor sozialen Situationen und Leistungssituationen sind weit verbreitet: Etwa die Hälfte der Studenten hat Angst, öffentlich zu sprechen oder sich lächerlich zu machen, und ein Drittel wird von der Angst beherrscht zu versagen. Bei etwa zehn Prozent der Schüler und Studenten behindert die Prüfungsangst den Prüfungserfolg, da Leistungen durch Konzentrationsschwierigkeiten und eine mangelnde Auseinandersetzung mit der Aufgabenstellung beeinträchtigt werden. Trotzdem bleiben soziale Ängste oder Schüchternheit häufig unbemerkt, da sich die Betroffenen in den privaten Rahmen zurückziehen.

Bei ***sozialen Ängsten*** und ***Leistungsängsten*** geht es vor allem um öffentliche Bewährungssituationen (Wettkämpfe, Auftritte, Prüfungen), die zu einer Beurteilung führen werden, oder um die Auseinandersetzung mit anderen Menschen

Phobie
Stark ausgeprägte, anhaltende und stark beeinträchtigende Furcht, wie sie etwa bei Angst vor Tieren, vor Krankheiten oder Verletzungen oder sozialen Situationen auftreten kann.
Beispiele:
Agoraphobie: Furcht vor öffentlichen Plätzen
Akrophobie: Furcht vor großen Höhen
Arachnophobie: Furcht vor Spinnen
Herpetophobie: Furcht vor Schlangen
Hydrophobie: Furcht vor Wasser
Karzinophobie: Furcht vor Krebserkrankungen
Klaustrophobie: Furcht vor beengten Räumen
Pyrophobie: Furcht vor Feuer
Zoophobie: Furcht vor Tieren

(Diskussionen, Feiern, Treffen mit dem anderen Geschlecht), die in einem ungeschickten, peinlichen oder bloßstellenden Verhalten enden könnten. Der Wunsch, einen guten Eindruck auf andere zu machen, kollidiert mit der Unsicherheit, dies auch wirklich erreichen zu können.

Die große Selbstunsicherheit und abwertende Selbsteinschätzung beruht zu einem guten Teil auf falschen Annahmen über die eigene Person („Ich bin uninteressant"; „Ich bin ungeschickt und trampelig") und auf einer strengen und perfektionistischen Selbstsicht („Ich muss stets schlagfertig und geistreich sein"; „Ich muss von allen geliebt und bewundert werden").

An die eigene Person und an die eigene Leistung werden unerfüllbare Erwartungen gestellt, deren Nichterfüllen der innere Kritiker sofort bemerkt und bemängelt. Besonders schüchterne Menschen haben einen Selbstkritiker verinnerlicht, der sie in allen Belangen – Aussehen, Leistungsfähigkeit, Beliebtheit – abwertet. In die Mitmenschen werden ein ständiges Beobachtet-Sein und unablässige Kritik projiziert; Lob und Bestärkungen werden heruntergespielt und abgewertet. Sozial ängstliche Menschen sind sich dabei nicht bewusst, dass ihre Angst und Unruhe häufig von außen gar nicht bemerkt wird.

Mit den überhöhten Ansprüchen werden letztlich die eigenen Fähigkeiten unterschätzt, nicht entwickelt und nicht nach außen gezeigt. Daher wirken sozial ängstliche Menschen introvertiert, wenig durchsetzungs- und gesprächsfähig. Mangelnde Erfahrungen in Bewährungssituationen ziehen nach sich, dass das Vertrauen in die eigene Person weiter verloren geht. In Gedanken ausgemalte Katastrophen können sich durch das unangemessene Verhalten dann sogar wirklich einstellen (***self fulfilling prophecy***). Misserfolge und Scheitern werden zudem in Gedanken und intensiven Bildern immer wieder in Erinnerung gerufen und erneut durchlebt, sodass sich Scham und Erwartungen des eigenen Versagens weiter verfestigen. Es beginnt ein ständiges Nachgrübeln, was alles falsch gemacht worden ist. So überrascht es nicht, dass viele sozial Ängstliche auch unter depressiven Symptomen leiden.

Hintergründe für die Entstehung von Leistungsängsten

Wie entstehen eigentlich die quälenden Leistungs- und Versagensängste? Die Bedeutung der Prüfungen für das weitere Leben (Abitur, Zwischenprüfung im Studium, Einstellungstest) kann nur einen kleinen Teil der Ängste erklären. Hinzu treten Versagenserlebnisse; es muss nicht das Scheitern in einer wichtigen Prüfung sein, manchmal reicht schon die erste Fünf in einer Schulaufgabe aus. Es kommt auf die Qualität des Versagenserlebnisses an. Teils gehen solche traumatischen Situationen bis in die Kindheit zurück und sind nicht an den schulischen Bereich gekoppelt. Es genügt, von anderen lächerlich gemacht worden zu sein, weil man sich nicht getraut hat, Fahrrad zu fahren.

Oft ist aber auch ein Bezug zum Elternhaus herstellbar: Ängstliche Eltern geben ihr Verhaltensmodell an die Kinder weiter; strenge, leistungsfordernde Eltern, deren Maßstäbe nicht erfüllt werden können, lassen in der Kindheit die Befürchtung entstehen, dass die elterliche Zuneigung und Achtung verspielt werden kann. Manchmal schmerzt schon al-

leine die Erfahrung, die Erwartungen der Eltern enttäuscht zu haben.
Fatal ist, wenn sich das ursprünglich an einen Auslöser gebundene Angsterleben zu einer Angst vor der Angst verselbstständigt. Nicht mehr eine bestimmte Situation, sondern das Angsterleben an sich werden nun gefürchtet. Schon das Vorbereiten auf die nächste Prüfung kann dadurch deutlich beeinträchtigt werden (Arbeitsstörung), in der Prüfung drohen Konzentrationsstörungen und Blackouts. Entscheidend für eine Bewältigung von Ängsten ist letztlich, ob ein Bewältigungsversuch einsetzt oder ob versucht wird, die Angstsituation zu meiden (Krankmachen) oder zu unangemessenen Bewältigungsmitteln zu greifen (Alkohol, Beruhigungsmittel).

Was tun gegen Prüfungsangst?

Vorgehensweise	Fragestellungen
Diagnostik und Analyse der Problemsituation	Was denke, fühle, tue ich vor und in der Prüfung? Welche körperlichen Begleiterscheinungen gibt es?
Der Lerngeschichte der Angst nachgehen	Wie reagierten die Eltern auf schlechte Leistungen? Welche Bedeutung spielen Leistung und Angst in der Familie?
Führen eines Angsttagebuches	Wann tritt die Angst auf? Was geht ihr voraus? Wie wird die Angst zu bewältigen versucht? Was kann verändert werden? Wann gibt es Ausnahmen von der Angst? Was war in dieser Situation anders oder hat geholfen?
Eigene Glaubenssysteme erkunden	Welche Überzeugungen habe ich bezüglich der Folgen der Leistungen? Hängt mein Selbstwertgefühl von Leistungen ab? Hängt mein weiteres Lebensglück von Leistungen ab?
Ziele und Anreize entwerfen	Was kann ich realistischerweise erreichen? Wie kann ich mich bei Erreichen eines Teilzieles belohnen? Wie belohne ich mich nach Erreichen des Zieles?

Lern- und Arbeitsverhalten verbessern	Wie sieht es aus mit: langfristiger Lernplanung, Zeitmanagement, genauer Abgrenzung des Lernstoffes, Lern- und Arbeitsplänen, Wiederholungen, Lerntechniken zur Stoffbewältigung ...
Hilfstechniken eintrainieren	Welche Entspannungstechniken passen zu mir? Welche hilfreichen Aspekte hat meine Angst? Welche Sätze kann ich mir innerlich zur Ermutigung und Beruhigung zusprechen?
Prüfungsablauf strukturieren und durchspielen	Was folgt aufeinander? Wie reagiere ich auf unvorhergesehene Ereignisse (Blackout, unerwartete Fragen, technische Schwierigkeiten)

Informationen von ehemaligen Prüflingen

Informationen von Mitprüflingen

Informationen über Zeit und Raum

langfristige, intensive, gewissenhafte Vorbereitung

Unterstützung vor und nach der Prüfung sichern

Informationen über den Prüfer

Probeprüfung durchspielen

Hilfen bei der Bewältigung von Prüfungen

vorbereitende Gespräche mit dem Prüfer

aktiv die Prüfung mitgestalten

flexibel auf den Prüfer eingehen

Vielfalt möglicher Meinungen vorstellen

bei Unklarheiten nachfragen

bewusst die Fragen aufgreifen, strukturiert und gegliedert antworten

eigene Meinungen begründen

Tiefe Traurigkeit durchzieht den Tag

Die Depression (lat. deprimere = herabdrücken) kann inzwischen als die Volkskrankheit der westlichen Kulturen bezeichnet werden. Sie liegt in ihrer Häufigkeit deutlich vor körperlichen Erkrankungen wie Herz-Kreislauf-Problemen oder vor Belastungen und Folgewirkungen durch Alkohol. Alleine in Deutschland leiden 4 Mio. Menschen unter einem behandlungsbedürftigen depressiven Krankheitsbild. Jeder Siebte von uns wird im Laufe seines Lebens davon betroffen sein, wobei Frauen deutlich häufiger als Männer unter Depressionen leiden.

Dies liegt nicht nur an der steigenden Lebenserwartung – manche Formen der Depression treten im späteren Lebensalter auf –, gerade auch Jugendliche werden immer häufiger Betroffene. Es wird, erkennbar auch in der Werbung und der Musikkultur, inzwischen von einem Zeitalter jugendlicher Melancholie gesprochen. Gleichzeitig erkennt man aber die Krankheit nur in etwa 30 % der Fälle, da besonders die Vielzahl körperlicher Symptome zu falschen Diagnosen führt.

Symptome und Formen der Depression

Die Depression zeigt sehr vielfältige, teils widersprüchliche Gesichter. Zudem ist es für einen Außenstehenden schwer, sich in das seelische Leid Erkrankter einzufühlen. Symptome können sein:

- niedergeschlagene Stimmung bis hin zum Ausbleiben jeglichen Gefühlserlebens, aber auch Verzweiflung und Aussichtslosigkeit; starke Reizbarkeit bei Jugendlichen bis hin zu Aggressivität und Straffälligkeit
- ständige Unruhe, rasche Stimmungswechsel
- Konzentrationsschwierigkeiten, verlangsamtes Denken, Entschlusslosigkeit
- Angst bis hin zur Nähe einer paranoiden Stimmung
- keine Freude an Alltagsaktivitäten
- Selbstvorwürfe und Schuldgefühle, Überbewertung des Negativen, Minderwertigkeitsgefühle

Formen der Depression	Charakteristika und Ursachen
Organische Depression	Folge körperlicher Erkrankungen (Hirndurchblutungsstörungen, Virusinfektion, Diabetes, Entzündungen), Nebenwirkung medikamentöser Therapie, von Drogen oder Vergiftungen. Um derartige Ursachen auszuschließen, ist eine differenzierte körperliche Untersuchung notwendig.
Endogen-psychotische Depression (Melancholie)	Betrifft etwa 20 %; biologische Ursachen wie genetische Anlage, biochemische Veränderungen im Gehirn (Mangel am Neurotransmitter Serotonin), hormonelle Störungen, aber auch Ernährungsfehler; ist besonders gekennzeichnet durch Antriebsblockierung, mangelndes Gefühlsleben, innere Erstarrung. Bei der mit der Häufigkeit von etwa 1 % auftretenden affektiven Psychose wechseln Phasen der **Manie** (Euphorie, Optimismus, Heiterkeit, übersteigertes Interesse, Allmachtsphantasien) mit depressiven Phasen ab (bipolare Störung im Gegensatz zu den **unipolaren** Depressionen).
Neurotische Depression	Ist erkennbar an einer depressiven Persönlichkeitsstruktur (pessimistische, zurückhaltende, gehemmte Personen); wird teils als genetisch angelegt, teils als Ergebnis einer konfliktreichen und belasteten Persönlichkeitsentwicklung angesehen (zerbrochene Familien, grobe Misshandlungen, sexueller Missbrauch); kann sich im späteren Erwachsenenalter durch ein Vermeiden konfliktreicher Situationen abschwächen.
Reaktive Depression	Betrifft etwa 70 %; sie ist Reaktion auf psychosoziale Auslöser wie kritische Lebensereignisse (Krankheit, Unfälle, Arbeitsplatzverlust ...), chronische Belastungen, verdrängte Konflikte; aber auch auf extreme Belastungen wie Katastrophen (Erdbeben, Krieg) oder Misshandlungen und Folter (posttraumatische Belastungsreaktion).
Larvierte Depression	Die Depression „versteckt" sich hinter körperlichen Beschwerden.

- Gedanken der Sinnlosigkeit, Todes- und Selbsttötungsfantasien
- Abfall der Leistungsfähigkeit, nachlassende Interessen, mangelnder Antrieb, Müdigkeit
- Rückzug aus Beziehungen, Konflikte in der Familie und im beruflichen Umfeld
- körperliche Beschwerden wie Schlafstörungen, Kopfschmerzen, Schmerzen an Nacken und Wirbelsäule, Magenprobleme, Appetitlosigkeit, Engegefühl, Verstopfung, Gewichtsverlust, Herzbeschwerden.

Möglich ist aber durchaus auch ein selbstbewusstes, gepflegtes, sportliches Auftreten, das Ausdruck eines energischen Ankämpfens gegen depressive Stimmungen ist („Sisi-Typus“).
Im Gegensatz zur Niedergeschlagenheit, die jeder von uns im Rahmen der normalen Stimmungsschwankungen kennt und die aus alltäglichen Ärgernissen, einer momentanen Überforderung oder einem Misserfolg im Beruf erwächst, zeigen sich die Symptome bei der Depression über mehrere Wochen oder Monate hinweg. Versuche der Selbstheilung oder die Hoffnung auf ein selbstständiges Verschwinden des Leidens schlagen fehl, sodass der Zustand chronisch zu werden beginnt. Die Entwicklung der eigenen Persönlichkeit erlahmt. Im Gegensatz zur Niedergeschlagenheit können nach einiger Zeit auch keine Ursachen und Auslöser mehr festgemacht werden.

Depressionen sind zu unterscheiden von Trauerreaktionen, die z.B. nach dem Verlust einer nahen Bezugsperson einsetzen.

Warum wird ein Mensch depressiv?

Depressionen können viele Ursachen haben: genetisch-somatische (Anlage, neurologische Veränderungen, Mangel an Neurotransmittern), lerngeschichtliche (Traumatisierungen, familiäre Belastungen), situative oder chronische (Stress).

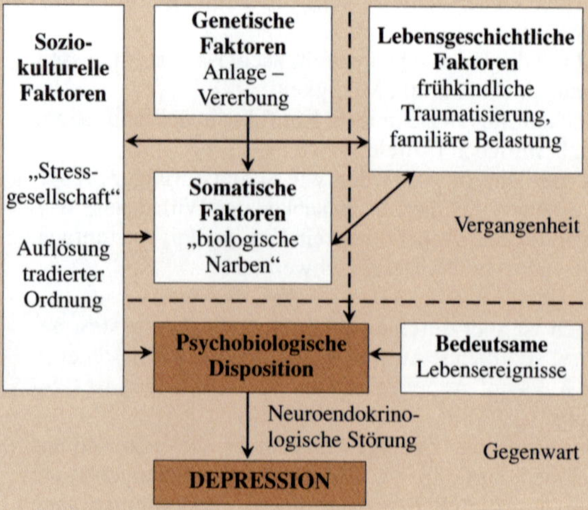

(verändert nach: Wolfersdorf, Depression. Verstehen und bewältigen, Berlin 1994, S. 38)

Gerade die modernen westlichen Kulturen scheinen viele Belastungen in sich zu bergen, die zu permanentem Stress führen und depressionsfördernd wirken können:

- Unsere Lebenswege verlaufen nicht mehr geradlinig, sondern sind vielen Veränderungen unterworfen: Wechsel von Schule, Ort, Beruf, Partner und Freundschaften.
- Das Sicherheit gebende Netz der überkommenen Institutionen wie Familie, Arbeitswelt, soziales Umfeld und Kirche ist dadurch schwächer und brüchiger geworden, bietet keinen gesicherten Rückzugsraum mehr.
- Der rasche Wandel der Lebensbedingungen, die ständige Beschleunigung erfordern Mobilität, Flexibilität und eine unablässig neue Anpassung, was psychische und physische Belastbarkeit und Stabilität voraussetzt.
- Der Wert der eigenen Person wird sehr stark über erfolgreiche Leistungen definiert. Dabei haben wir hohe

Erwartungen an persönlichen Erfolg. Sich nicht zu bewähren, wird als Versagen empfunden. Die steigenden Anforderungen (Verdichtung von Arbeit und Informationen) ziehen Gefühle von Überforderung, Orientierungslosigkeit und mangelndem Selbstwert nach sich.

- Ein fürsorglicher Umgang mit und ein Bewusstsein für unseren eigenen Körper und die Art, wie sich in uns Gefühle ausdrücken, ist mehr und mehr verloren gegangen.
- Den Stressphasen stehen keine angemessenen Erholungsphasen gegenüber, sodass sich Körper und Psyche wieder in einen Gleichgewichtszustand einpendeln könnten.

Besonderheiten der kindlichen Depression

Schwer festzustellen sind Depressionen vor allem im Kindesalter. Nicht nur, dass die Kinder ihren Gefühlszustand weniger gut beschreiben können, es treten vielmehr auch andere psychische Störungen wie Angst und Gehemmtheit, ständige Erschöpfung, Einnässen, Sprachlosigkeit, Schlafstörungen und Magen-Darm-Störungen auf, die die Depression überdecken können.

Kennzeichen kindlicher Depression

- Träume und Wahnvorstellungen
- Gestörte zwischenmenschliche Beziehungen
- Interesselosigkeit
- Wut
- Niedergeschlagenheit
- Antriebslosigkeit
- Kraftlosigkeit
- Hoffnungslosigkeit
- Konzentrationsstörungen
- Selbstzweifel, Schuldgefühle
- Gedanken an den Tod
- Suizidgedanken
- Appetitverlust
- Schlafstörungen
- Kopf- und Bauchschmerzen
- Angst

Besonders bedenklich ist dabei, dass die kindliche Depression Folgewirkungen wie Schulprobleme (Lernschwierigkeiten), Verlust von Freundschaften, Drogenkonsum oder Verhaltensauffälligkeiten (Schuleschwänzen, Weglaufen,

Vorbeugendes Elternverhalten	
strukturiertes und geregeltes Familienleben – breites Netz sozialer Beziehungen und Freundschaften	
▸ Kind als eigenständige Person ernst nehmen ▸ Kind vor peinlichen Situationen schützen ▸ Viel Zeit gemeinsam verbringen ▸ Offene Gespräche suchen und zuhören	▸ Erfolgserlebnisse ermöglichen ▸ Loben und Entwicklungsschritte beachten ▸ Interesse für das Leben des Kindes zeigen ▸ Eigenständige Aufgaben übertragen und Entscheidungen fällen lassen

Diebstahl, Aggressivität, Selbstverletzungen) nach sich ziehen kann und die Gefahr von Suiziden signifikant steigt.

Der Umgang mit depressiv Erkrankten

Der Umgang mit depressiv Erkrankten ist nicht einfach. Selbst bei Freunden und Verwandten führen die Klagen und die geäußerte Verzweiflung nach anfänglichem Mitgefühl und Zuwendung zu Ärger und Ablehnung. Gespräche mit Erkrankten sind sehr schwierig, da sie kaum auf das Gesagte eingehen, erstarrt und teilnahmslos wirken und sie sich immer wieder zurückziehen. Hinzu kommen bei Angehörigen oft Schuldgefühle, die sich nach erfolglosen Hilfeversuchen in Wut oder Erschöpftsein verwandeln, da bald die Grenzen der eigenen Kräfte erreicht sind, wenn keine professionelle Hilfe in Anspruch genommen wird oder werden kann.

wenig hilfreiches Verhalten	förderliches Verhalten
▸ Die Symptome nicht ernst nehmen, wegzureden versuchen, beschwichtigen ▸ An den Willen appellieren ▸ Übersteigerte Fürsorge, Misstrauen, ängstliche Überwachung	▸ Die Beziehung aufrechterhalten, auch wenn sie schwierig ist, und „distanzierte Nähe“ herstellen ▸ Im Gespräch bleiben, eine verständnisvolle und einfühlende Haltung annehmen; eventuell selbst eine ruhige, bestimmte Führung übernehmen

▸ Sich abwenden, aggressiv oder ablehnend reagieren, streiten, wessen Sichtweise die richtige ist ▸ Sich selbst als Therapeuten sehen, überschätzen und überfordern ▸ Geschehnisse in der Vergangenheit aufzuarbeiten versuchen oder nach Gründen der Depression forschen ▸ Selbst in Hoffnungslosigkeit verfallen	▸ Keine Scheu, über Suizid zu sprechen ▸ Vertrauen in die Möglichkeiten des Erkrankten zur Veränderung signalisieren, ihn loben ▸ Vor dem unbedachten Fällen lebensentscheidender Entschlüsse schützen (Berufswechsel, Scheidung, Nachwuchs) ▸ Auf einen geregelten und strukturierten Tagesablauf achten ▸ Während des Tagesablaufes soziale Kontakte ermöglichen ▸ Den Blick auf das im Moment Notwendige fokussieren ▸ Geduld haben ▸ Professionelle Hilfe in Anspruch nehmen

Therapeutische Vorgehensweisen

Neben Methoden wie Lichttherapie bei saisonaler Depression, Wachtherapie (Schlafentzug), Elektrokrampftherapie, pflanzlichen Mitteln (Johanniskraut-Extrakt), Bewegungstherapie oder Yoga hat sich besonders eine kombinierte Behandlung mit ***Antidepressiva*** (Trizyklika wie Tofranil, Serotonin-Wiederaufnahme-Hemmer wie Fluctin) und kognitiver Verhaltenstherapie als wirkungsvoll erwiesen.

Psychopharmaka sind Medikamente, die die Erregungsbildung und Informationsübertragung zwischen Neuronen beeinflussen. Dadurch verändern sie die seelische Befindlichkeit. Je nach der Wirkung unterscheidet man Neuroleptika (Beruhigungsmittel) und Antidepressiva (antriebssteigernde und stimmungshebende Mittel).
Nicht verschwiegen werden dürfen die teils deutlichen Nebenwirkungen der Medikamente, da moderne Antidepressiva im Sinne einer „Kosmetischen Psychopharmakologie“ immer mehr zur Leistungs- und Zufriedenheitssteigerung missbraucht werden und zu einer psychischen Abhängigkeit führen können.

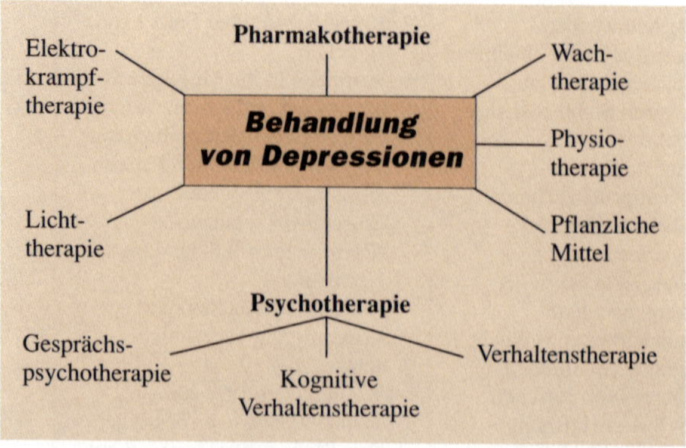

Die Depression wird in der ***kognitiven Verhaltenstherapie*** als erlerntes Fehlverhalten aufgefasst, das durch konkrete Problemlösungstechniken und einen lösungsorientierten Denkstil wieder korrigiert werden kann.

Aufbau einer verhaltenstherapeutischen Behandlung

1. ***Erklärung der Behandlungsstrategie und Zielsetzung***
2. ***Selbstbeobachtung von Verhalten und Stimmungen durch den Klienten***
   Durch ein Verhaltens- und Stimmungstagebuch findet der Klient die Stimmungsschwankungen, ihre Ursachen sowie das Ausmaß der Passivität heraus.
3. ***Aufstellen eines Inventars von Aktivitäten***
   Welche Aktivitäten können anregen (Kaffee, schöne Musik)? Birgt passives Verhalten einen verdeckten Nutzen in sich (z.B. verstärkte Aufmerksamkeit aus der Umgebung, Freistellung von Pflichten)?
4. ***Systematische Erhöhung der Häufigkeit angenehmer Aktivitäten***
   Jeder Schritt in Richtung der Verhaltenszunahme wird systematisch verstärkt (***Shaping***). Der Abbau von als unangenehm empfundenen Verhaltensweisen (z.B. Aufschieben von

Tätigkeiten) wirkt gleichzeitig innerlich erleichternd.
Ziel ist, eine neue Tagesstruktur zu erarbeiten, in der ein Gleichgewicht zwischen Aktivität und Ruhe besteht.

5. ***Training sozialer Fertigkeiten***
   Fertigkeiten wie Initiative in einem Gespräch ergreifen, das Gesprochene durch Stimmvolumen, Mimik, Intonation unterstreichen, die eigene Leistung positiv darstellen, Ansuchen von anderen ablehnen, Entscheidungen alleine treffen, eigene Wünsche und Bedürfnisse klar formulieren, die Weigerung anderer Menschen richtig interpretieren, werden geübt.

Aufbau einer kognitiven Intervention

1. ***Darstellung des Therapieansatzes***
   Veranschaulichung der Bedeutung von Denkgewohnheiten und automatischen negativen Gedanken
2. ***Identifikation der automatischen negativen Gedanken***
   Durch ein Gedankentagebuch werden automatische Gedanken herausgefunden und ein Zusammenhang zwischen Gedanken und Gefühlen hergestellt. Die Bewertung der Glaubwürdigkeit der Gedanken schafft eine erste innere Distanz.
3. ***Automatische Gedanken kritisch untersuchen und neue, rationalere Gedanken entwickeln***
   Durch das Lernen anderer Interpretationsmöglichkeiten und das Erproben anderer Denkmuster in der Wirklichkeit lernt der Klient, dass seine Wahrnehmung der Wirklichkeit negativer ausfällt, als diese objektiv ist.
4. ***Auffinden und Verändern depressionsfördernder Annahmen***
   In einem letzten Schritt werden Grundannahmen über die eigene Person und das Leben hinterfragt („Nur wenn mich jeder mag, bin ich liebenswert") und deren Wurzeln nachgegangen. Alternative Annahmen werden entwickelt und im Alltagsleben erprobt.

Haben Depressionen einen tieferen Sinn?

Ist eine Depression bewältigt, kann es durchaus sinnvoll sein – ohne die Krankheit als ernsthaftes Problem zu verharmlosen –, zu fragen, welche positiven Seiten eine derartige Erkrankung aufweist: So verbirgt sich dahinter auch ein Ausdruck von Sensibilität, Empfindsamkeit und Einfühlungsvermögen, eine Fähigkeit, psychisch und körperlich achtsam auf Veränderungen in der Umwelt und in einem selbst zu reagieren. Die Weltsicht Depressiver ist ehrlicher, realistischer und illusionsloser, weniger von Selbsttäuschung und den kleinen Alltagslügen geprägt. Rückzugsverhalten in Form von Passivität und fehlender Motivation lässt uns nicht unsere Kräfte in sinnlosen Beziehungen, ungelösten Konflikten oder unerfüllten Bedürfnissen verschleißen, wir schützen uns selbst vor weiteren Anstrengungen, Enttäuschungen und Versagenserlebnissen. Aus dieser Perspektive kann die Depression auch als Beginn eines Lern- und Reifungsprozesses gesehen werden.

Warum werden manche Menschen nicht depressiv?
Mit dem Begriff ***Resilienz*** wird das entwicklungspsychologisch erstaunliche und faszinierende Phänomen beschrieben, dass es Kinder und Jugendliche gibt, die trotz ungünstigster Entwicklungsbedingungen über Widerstandsfähigkeit, Selbstbewusstsein und Durchsetzungsfähigkeit verfügen, die sie zu psychisch gesunden und verhaltensunauffälligen Menschen werden lassen. Sie heben sich gegenüber anderen durch eine zuversichtliche Lebenseinstellung und ein positives Selbstwertgefühl ab und werden von dem Gefühl bestimmt, anderen Menschen vertrauen zu können. Zudem entwickeln sie aktives, lösungsorientiertes Verhalten und glauben an ihre Fähigkeiten, die Situation zu bewältigen.
Ein häufiger Hintergrund ist, dass „Resiliente" außerhalb der engsten Familie stabile emotionale Beziehungen zu Erwachsenen aufbauen und dabei soziale Vorbilder finden, die ihnen zeigen, wie Probleme konstruktiv gelöst werden können und dass Probleme weder verallgemeinert noch auf die eigene Person bezogen werden müssen.

Ein Blick in die Geschichte und auf das Menschenbild

In mir ist mehr, als ich von mir weiß – die Tiefen der Psyche

Die Ausnahmestellung der Psychoanalyse

Die psychoanalytische Theorie SIGMUND FREUDS prägt das Verständnis von Psychologie im öffentlichen Bewusstsein bis heute. Auch wurden künstlerisches und kulturelles Schaffen des 20. Jh.s davon entscheidend inspiriert und beeinflusst. Dies ist umso überraschender, als seit Jahren das Denkmal FREUD einer – manchmal sehr persönlich geführten – wissenschaftlichen Demontage unterliegt. Sie hat offen gelegt, wie konstruiert, teilweise gefälscht seine Berichte über therapeutische Erfolge waren, wie sehr sein Handeln von materiellem Eigennutz bestimmt war und wie sehr er dabei auch die gesundheitliche Gefährdung von Patienten sowie seiner selbst in Kauf genommen hat – erinnert sei nur an die Kokainexperimente. Heute wird von der Geburt der Psychoanalyse aus einer Lüge gesprochen, ihr Vorgehen und ihre Ergebnisse werden als pseudowissenschaftlich verworfen.
Charakteristisch für SIGMUND FREUDS Theorie über die Funktionsweise und Entwicklung der menschlichen Psyche ist, dass sie sich außerhalb des wissenschaftlichen universitären Betriebes entwickelt hat. Ursprünglich war sie als psychotherapeutische Methode angelegt, erhielt aber durch ständige Erweiterung Elemente einer Persönlichkeitstheorie, Entwicklungstheorie, Krankheitstheorie und sogar Kulturtheorie. Sie wird zu den ***tiefenpsychologischen Theorien*** gerechnet, weil den frühkindlichen Erfahrungen und deren Verarbeitung eine große Bedeutung beigemessen wird und sich FREUD zudem mit den tieferen Schichten der Psyche, z.B.

dem ***Unbewussten***, beschäftigte, die hinter unserem Erleben und Verhalten stecken sollen.

Tiefenpsychologische Schulen sehen den Schlüssel zum Verständnis der Psyche in den Triebkräften des Unbewussten

Eigentlich ist es unzulässig, das Theoriengebäude FREUDS in einem geschlossenen Zusammenhang darzustellen. Die Theorie entwickelte sich mosaikartig über das gesamte Werk FREUDS hinweg und wurde von ihm immer wieder verändert, ergänzt und modifiziert. Im Zentrum all seiner Bemühungen stand das Bestreben zu erkennen, wie der „psychische Apparat" funktioniert, wie Erleben und Handeln, Denken und Vorstellen entstehen, gesteuert werden und miteinander in einem Wechselverhältnis stehen.

Kurzbiographie SIGMUND FREUD (1856-1939)
Geboren wurde FREUD in der mährischen Provinzstadt Freiberg. Sein Vater war Wollhändler und aus Armut waren die Eltern dazu gezwungen, zuerst nach Leipzig, dann nach Wien umzusiedeln, wo FREUD mit fünf Schwestern und einem jüngeren Bruder aufwuchs. Am Leopoldstädter Gymnasium erhielt er eine altsprachliche Ausbildung, was seine Kenntnisse und Interessen in den Bereichen Philosophie, Kunst, Archäologie, Religion, Ethnologie erklärt. Nach dem Studium von Medizin und Zoologie an der Wiener Universität spezialisierte sich FREUD auf eine Tätigkeit als Nervenarzt und lehrte bereits mit 29 Jahren an der Universität Wien das Fach Neuropathologie. Während eines Studienaufenthalt in Paris wurden ihm die Hypnoseexperimente CHARCOTS mit Hysterikerinnen sowie die Neurosentheorie näher bekannt. Nach Wien zurückgekehrt eröffnete FREUD eine private Praxis als Nervenarzt, wo er Erfahrungen in der ***Hypnose*** und bei der Behandlung von ***Hysterien*** sammelte. Seine Erkenntnisse wurden in Vorlesungen und Vorträgen sowie durch wissenschaftliche Schriften verbreitet und ließen ihn ebenso populär wie umstritten werden. 1902 wurde er zum außerordentlichen Professor ernannt, doch folgte wegen seiner jüdischen Herkunft kein Ruf auf einen Lehrstuhl. 1938 emigrierte FREUD 82-jährig nach dem „Anschluss Österreichs an das Reich" nach London, wo er ein Jahr später an seinem langjährigen Krebsleiden starb.

Das Vorgehen des Psychoanalytikers

Die als Psychoanalyse bezeichnete Behandlungsmethode folgt dem kathartischen Verfahren. Um die ***Katharsis*** (innere Reinigung) zu erlangen, versuchte FREUD anfänglich beim Patienten über ***Hypnose*** eine Erweiterung des Bewusstseins zu erreichen. Er sollte in den Zustand zurückversetzt werden, in dem das Krankheitssymptom zum ersten Mal aufgetreten war. Wird das Wiedererinnern unter starker gefühlsmäßiger Beteiligung (Wiedererleben) dem Arzt mitgeteilt, kann, das Symptom überwunden werden. Immer wieder beschriebenes Beispiel war Anna O. – ihr wirklicher Name war Bertha Pappenheim, eine engagierte Frauenrechtlerin. Die diagnostizierte ***Hysterie***, deren Ursache meist in verdrängten sexuellen Energien gesehen wurde, drückte sich in Lähmungen, Störungen des Seh- und Sprachvermögens, Husten, psychischer Verworrenheit und sogar in einer Scheinschwangerschaft aus. Als Anna O. bei ihren allabendlichen Therapiesitzungen die Symptome genauer beschrieb, lösten sie sich auf. An die Stelle der Hypnose setzte FREUD bald die Methode der ***freien Assoziation***, in der alle Einfälle und Gedanken, seien sie auch noch so peinlich und erschreckend, dem Psychoanalytiker mitgeteilt werden. Dieser lenkt den Prozess möglichst wenig (Abstinenzregel), bringt seinem Patienten lediglich eine „gleichschwebende Aufmerksamkeit" entgegen. Allenfalls versucht er dem Kranken durch vorsichtige Deutungen weiterzuhelfen. Werden vom Patienten offensichtlich Gedanken zurückgehalten (Gesprächspausen, Ausflüchte), kann dies als ***Widerstand*** interpretiert werden, der auf verdrängte frühkindliche traumatische Ereignisse verweist.

Neben Widerständen sind während der Therapie ***Übertragungsphänomene*** bedeutsam. Der Patient erlebt gegenüber dem Analytiker Gefühle aus der Kindheit, die er so oder so ähnlich schon einmal seinen Eltern gegenüber empfunden hat. Hintergrund dafür ist, dass die vom Klienten zum Therapeuten aufgebaute Beziehung in einigen zentralen Punkten als der Elternbeziehung ähnlich angesehen wird. Mit die-

ser Wiederbelebung können die verdrängten Beziehungsprobleme und Verhaltensweisen analysiert und bewältigt werden (Übertragungsneurose). Auch der Analytiker „leidet" unter solchen Projektionen auf seinen Klienten (***Gegenübertragung***), er hat aber während seiner Lehranalyse gelernt, sie zu erkennen und mit ihnen umzugehen. Zugänglich wird das ***Verdrängte*** auch durch Träume und Fehlleistungen wie Vergessen (Geburtstag eines Freundes, eines wichtigen Termins), Versprechen (Anrede mit einem falschen Namen; „Von nun an hoffe ich euch noch seltener zu sehen"), Verlieren beispielsweise eines wichtigen Dokuments, Verlesen oder Verschreiben („Sex" statt „Sechs").
Ziel des therapeutischen Prozesses ist letztlich, dass die durch ***freie Assoziationen***, Widerstände und Übertragungen, Träume und Fehlleistungen hervorgebrachten verdrängten Grundkonflikte bearbeitet und bewältigt werden, damit sie nicht im ***Unbewussten*** weiterwirken und Krankheitssymptome produzieren können.

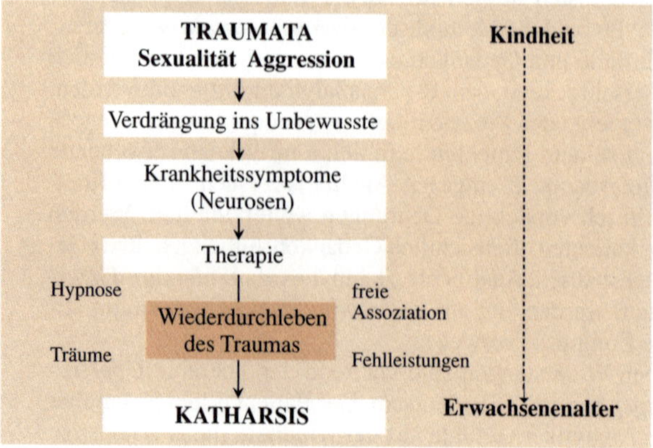

Von Schichten, Instanzen, Konflikten, Ängsten und Abwehrmechanismen

Was bewegt den Menschen in seinem Innersten? FREUD geht in seiner Persönlichkeitstheorie von starken inneren ***Triebkräften***, dem Eros (Libido) und Thanatos (Todes- und Aggressionstrieb), aus. Diese stellen nicht nur die Quelle der seelischen Energie dar, sie drängen auch auf ihre kompromisslose Befriedigung und damit auf die Minderung von Triebspannungen. Allerdings muss jeder Mensch auch den Anforderungen der Wirklichkeit gerecht werden. In einer lebenslangen Gratwanderung muss er also versuchen, einerseits die Triebimpulse zu befriedigen, andererseits die Anforderungen und Regeln der Umgebung zu erfüllen (psychodynamische Persönlichkeitstheorie). Daher ist Verhalten sowohl durch innerpsychische Ursachen als auch von der Auseinandersetzung mit der Außenwelt bestimmt.
Die psychischen Vorgänge, die in uns stattfinden und uns bewegen, sind uns jedoch nicht alle in gleicher Weise bewusst. Nach FREUDS Modell gibt es, je nach dem Grad der Bewusstheit, unterschiedlich zugängliche Orte:

- das ***Unbewusste:*** Es ist für den Menschen nicht direkt erfahrbar, doch beeinflusst es unablässig unser Erleben und Verhalten.
- das ***Vorbewusste:*** Gemeint sind damit Gedächtnisinhalte, Gedanken, Gefühle und Vorstellungen, die im Moment nicht bewusst sind, aber durch unseren Willen oder durch Veränderung der Aufmerksamkeit bewusst werden können.
- das ***Bewusste:*** Hiermit sind alle unmittelbar zugänglichen und bemerkten Vorstellungen, Gedanken und Wahrnehmungen gemeint.

Man kann bei diesem topographischen Modell auch von verschiedenen ***Schichten*** des Bewusstseins sprechen, die durchlässig und in ständigem Austausch sind. Auch Material aus dem Unbewussten kann uns indirekt und verschlüsselt z.B. durch Träume erfahrbar werden. FREUD hat zur Veran-

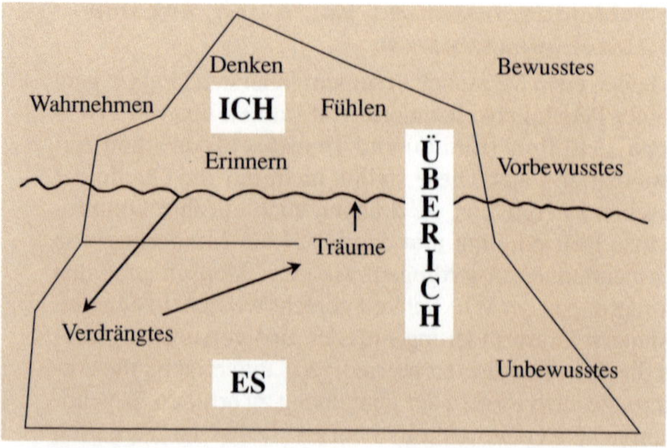

schaulichung den Vergleich mit einem Eisberg gewählt: Der größte Teil der Psyche, das Unbewusste, liegt unsichtbar unter Wasser, es bildet aber die Basis einer kleinen Spitze, des Bewussten und Vorbewussten, das in unserer Alltagsvorstellung als eigentlicher Teil der Psyche angesehen wird.
Zu der psychodynamischen Triebtheorie und dem topographischen Schichtenmodell kommt als dritter Teil der Persönlichkeitstheorie noch das ***Instanzenmodell*** hinzu. FREUD ging davon aus, dass an jedem psychischen Geschehen die drei Instanzen ***Es***, ***Ich*** und ***Über-Ich*** beteiligt sind. Der Psychoanalytiker versucht durch das Wechselspiel zwischen den dreien vor allem unsere zentralen inneren Konflikte zu erklären; dabei handelt es sich aber lediglich um eine Hilfskonstruktion, einen Erklärungsversuch. Das Es liegt überwiegend im Bereich des Unbewussten und ist Ausdruck der ursprünglichen und verdrängten Triebenergien (Eros, Thanatos). Es ist vom ersten Lebenstag an vorhanden und die Quelle der Energie für den seelischen Apparat, das Reservoir menschlicher Bedürfnisse. Es funktioniert nach dem Prinzip der sofortigen und totalen Befriedigung (***Lustprinzip***).
Das Ich hat die schwierige Aufgabe, als Bereich des Vorbewussten und Bewussten zwischen Innen und Außen zu ver-

mitteln. Es verkörpert unsere Sinneswahrnehmungen, unser Urteilen, Problemlösen, Denken, Sprechen, Erinnern, unsere Bewegungen und Motorik. Das Ich hat sich aus dem Es herausentwickelt, bezieht aber nach wie vor seine Energie aus ihm. Erzwungen wird dieser Prozess durch die ständige Auseinandersetzung mit der Umwelt, z.B. durch die Bewältigung der Anforderungen, die die Eltern oder andere Bezugspersonen an uns stellen (***Realitätsprinzip***). Die Aufgabe des Ich ist alles andere als einfach, denn es muss zwischen der Lebenswirklichkeit, den Triebbedürfnissen (Anforderungen des Es) und den moralischen Normen und Geboten (Anforderungen des Über-Ich) vermitteln und gleichzeitig eigene ideale Ziele (Ich-Ideal) zu erreichen versuchen. So ist es bemüht, wirklichkeitsfremde Triebansprüche (z.B. sofortige, direkte sexuelle Erfüllung) bis zu einem günstigen Zeitpunkt zu verschieben, damit sie keine negativen Konsequenzen nach sich ziehen, das Vergnügen aber trotzdem nicht zu kurz kommt.
Ist das Ich dazu nicht stark und leistungsfähig genug, entsteht Angst: neurotische Angst vor den Triebansprüchen des Es, Gewissensangst vor den Normen des Über-Ich oder Realangst vor den Anforderungen der Umwelt. Allein schon zur Selbsterhaltung verfügt das Ich daher über die wichtigen ***Angstabwehrmechanismen***, die seine Funktionsfähigkeit bewahren.

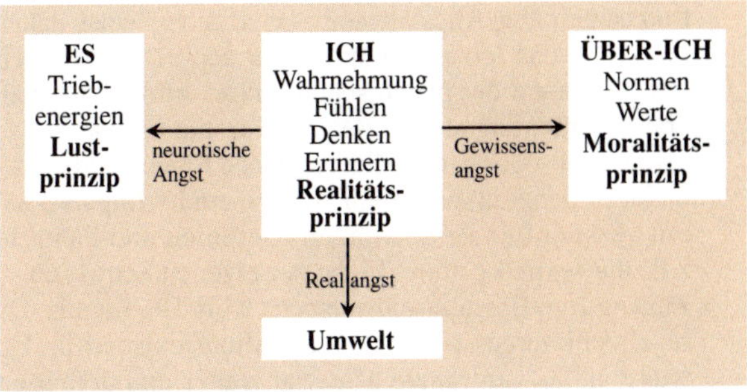

Das Über-Ich kann als Bereich der durch Erziehung verinnerlichten Normen und Werte gesehen werden – all das, was Familie, Gesellschaft und Kultur als ethisch-moralische oder sittliche Gebote und Verbote formuliert haben (***Moralitätsprinzip***). Auch sie sind teils tief im Unbewussten verankert und häufig gegen die Befriedigung der Triebenergien gerichtet – gedacht sei nur daran, wie vielen notwendigen Einschränkungen und Hindernissen das Ausleben von Aggressivität unterworfen ist. Halten wir uns nicht an die vorgegebenen Normen und Werte, strafen uns Gewissensbisse und Schuldgefühle; halten wir uns an die Normen, empfinden wir Stolz und Eigenliebe.

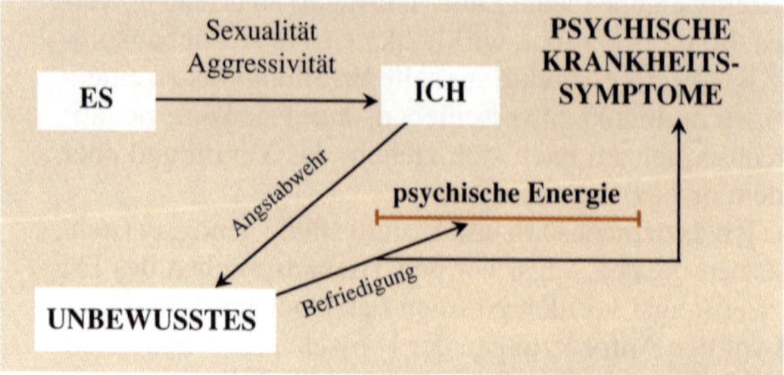

Auseinandersetzungen zwischen dem Es und Über-Ich sowie zwischen empfundenen Bedürfnissen und Zielen und der Umwelt sind damit vorprogrammiert. Der innere Konflikt ist geboren. Angstabwehrmechanismen haben daher die Funktion, das Ich zu schützen und den inneren Gleichgewichtszustand der psychischen Kräfte aufrechtzuerhalten. Die Verdrängung als ein Beispiel für einen Abwehrmechanismus hat sogar in die Alltagssprache Einzug gehalten. Gemeint ist damit ursprünglich, dass einem Es-Impuls oder damit verknüpften Erinnerungen, Gefühlen und Fantasien – z.B. die sexuell getönte Liebe zur eigenen Schwester – der Zugang zum Bewusstsein versperrt wird. Der Impuls scheint regelrecht vergessen zu sein; allerdings existiert im Unbewussten das verdrängte Material weiter und drängt unab-

lässig nach Befriedigung. Daher muss viel psychische Energie mobilisiert werden, um die ***Verdrängung*** ständig aufrechtzuerhalten. Dies kann bis zu psychischen Krankheitssymptomen führen.
Reaktionsbildung ist ein Abwehrmechanismus, bei dem eine Triebanforderung, etwa der Hass gegen den eigenen Vater, durch Überbetonung einer anderen, etwa dessen bedingungslose Verehrung und Vergötterung, unbewusst gemacht wird. Von ***Projektion*** spricht man, wenn eine innere Regung, die man nicht annehmen kann oder darf – etwa die Verachtung einer religiösen Minderheit oder andersartiger Menschen – einer anderen Person oder Gruppe unterstellt wird. Bei der Wendung gegen das Selbst wird ein empfundener Triebimpuls, beispielsweise maßlose Wut gegen den erfolgreichen Bruder, gegen die eigene Person gerichtet. Hintergrund dafür ist häufig eine große Identifikation mit oder Verehrung der Person, gegen die sich der Impuls wendet.
Als regelrecht Kultur und Wissenschaft bildende Kraft wird die ***Sublimierung*** angesehen. Starke Triebkräfte, etwa der Wunsch, mit Kot zu spielen oder die sexuell getönte Liebe zur eigenen Mutter, werden auf Grund elterlicher Verbote oder gesellschaftlicher Normen (Inzesttabu) aufgegeben. Als Ersatz werden die Energien in schöpferische oder berufliche Leistungen umgelenkt.

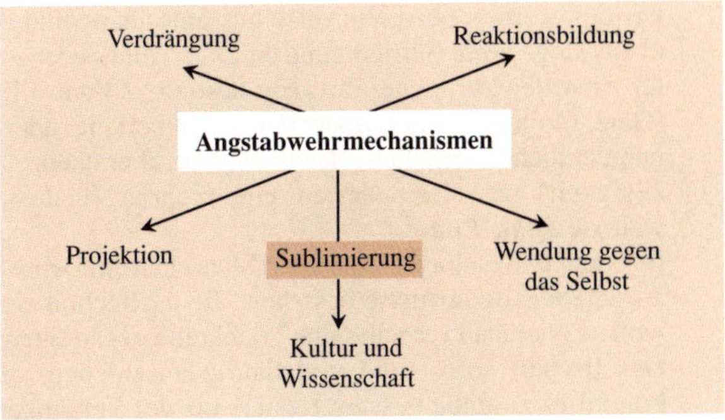

Die Phasenlehre der Entwicklung

Freud hat die ersten fünf Lebensjahre als besonders entscheidend für die Persönlichkeitsentwicklung angesehen. Werden die Phasen der psychosexuellen Entwicklung nicht erfolgreich bewältigt, können im ***Unbewussten*** Persönlichkeitsprobleme weiterwirken, die sich im späteren Leben in neurotischen Symptomen äußern.

Phase der psychosexuellen Entwicklung	**Fokus**	**Problemstellung**
orale Phase (bis 18 Monate)	Mund	Erkunden und Einverleiben
anale Phase (bis 3 Jahre)	Ausscheidungsorgane	Hergeben und Zurückhalten
infantil-genitale Phase (bis 5 Jahre) **Ödipuskomplex**	Geschlechtsorgane	Liebe (Mutter) und Konkurrenz (Vater), Identifikation (Vater) und Anpassung (Über-Ich)

Ungünstig ist dabei nicht nur eine ungenügende, sondern auch eine übermäßige Befriedigung der sexuellen Energien. Auffällige Charakterzüge, psychische Störungen (***Neurosen***) oder Perversionen können sich ausbilden. Verhaltensweisen wie Rauchen, übermäßiges Essen oder beißender Sarkasmus werden beispielsweise auf eine mangelnde oder übermäßige ***orale*** Befriedigung durch zu frühes oder zu spätes Abstillen zurückgeführt. Ein besonders kontrolliertes (Geiz, Ordnungswahn, übermäßige Sauberkeit) oder sehr unordentliches Verhalten (Nachlässigkeit, übermäßige Großzügigkeit) verweisen eher auf eine nicht ausreichend bewältigte ***anale Phase***.

In jedem Fall bleibt aber bei allen Menschen ein Depot nicht ausgelebter Bedürfnisse bestehen, die nachgeholt werden wollen. Niemand vermag seine Triebkräfte gegen Eltern und Gesellschaft sofort und vollständig auszuleben, immer kommt es zu unbewussten Resten aus der Vergangenheit

(„Urverdrängung"). Das Entscheidende ist eher, im Laufe des Lebens die richtige Ausdrucksform zu finden, die den verdrängten Energien einen sinnvollen Raum bietet.

Eine kurze Zwischenkritik

Das Theoriengebäude FREUDS bleibt auch heute noch ein faszinierender Erklärungsversuch der menschlichen Psyche. Trotzdem erfüllt das Modell nicht die heute gültigen Standards der experimentellen Psychologie. So baut die Theorie auf der therapeutischen Arbeit mit Patienten auf, die zu fast drei Vierteln aus der Oberschicht kommen. Materiell sorgenlos, stellten diese Beziehungs- und sexuelle Probleme in den Mittelpunkt, wodurch derartige Konfliktarten überbetont wurden. Fraglich ist weiter, ob der Einfluss der frühen Kindheit als so entscheidend für die Entwicklung der Psyche und Persönlichkeit angesehen werden muss. Kritisiert wird zudem die als subjektiv empfundene psychoanalytische Deutungskunst, die diejenigen Probleme aus dem Textmaterial herausfiltert, die letztlich auch zum Modell passen. Von der neopsychoanalytischen Richtung (KAREN HORNEY, ERICH FROMM) werden sehr viel stärker gesellschaftliche, kulturelle und soziale Einflüsse auf die Persönlichkeitsentwicklung einbezogen. Die Ich-Psychologie (ANNA FREUD, HEINZ HARTMANN) stellt das Selbst in den Mittelpunkt.

Die Bedeutung der Träume

Zum am wenigsten veränderten Theorieteil FREUDS gehört seine Traumdeutung. Vor allem mittels Selbstanalyse hoffte er dem Unbewussten und den ***Angstabwehrmechanismen*** genauer auf die Spur zu kommen. Im Traum schienen diese an Kraft zu verlieren, so dass ein, wenn auch verschleierter, Blick auf das, was den Menschen im Innersten bewegt, möglich wurde. Für FREUD hat der Traum die Funktion, Wünsche des Schlafenden zu erfüllen und Triebspannungen abzuführen. Diese können sich aus unbewältigten Konflikten des vergangen Tages (***Tagesrest***) ergeben, aus dem Schlaf heraus entstehen (Hunger, Durst, sexuelles Verlangen) oder aus verdrängten Kinderwünschen resultieren, die sich häufig an einen Tagesrest „anhängen“. Als unbewusste, aber starke psychische Energie können sie so zumindest teilweise befriedigt werden. Entsprechend sind in etwa 90 % der Träume Spuren von Erinnerungen aus der Kindheit zu finden.

Der Tagesrest ist der Initiator des Traumes.

FREUD unterscheidet zwischen einem ***latenten*** und einem ***manifesten Trauminhalt***. Da der latente, der unverfälschte Traumgedanke uns wegen der durch ihn ausgelösten Angst- und Schuldgefühle nicht erträglich wäre, wird er verändert. Dies geschieht durch ***Verdichtung***, ***Verschiebung*** und ***Symbolisierung***. Der manifeste Traum ist das, was aus unserer Erinnerung als Traum nach dem Aufwachen weitererzählt werden kann – oft nur ein kleines Bruchstück des verfälschten latenten Trauminhaltes.

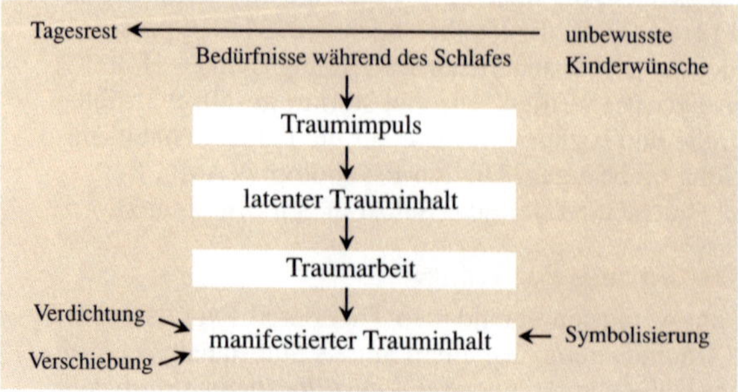

Bei der Verdichtung fließen verschiedene Vorstellungen mit einer gemeinsamen Schnittmenge zusammen und überlagern sich: Eine Autoritätsperson kann sich so als Ansammlung der Züge des eigenen Vaters, eines Bademeisters, Lehrers, Pfarrers, Professors, Chefs erweisen, die sich zu einem neuen Gesamtbild verdichten – ein komplexer wie kreativer Vorgang.

Viele der befremdend erscheinenden Trauminhalte ergeben sich aus der ***Verschiebung***. Im Traumgeschehen können auf diese Weise starke Gefühle – etwa die sexuelle Lust nach einem jungen Mann – von der eigenen Person auf eine andere, die einem selbst in einzelnen Wesenszügen ähnelt, übertragen und so zumindest teilweise und weniger beängstigend durchlebt werden.

Symbole schließlich haben nach Freud häufig eine sexuelle Färbung: Schornstein, Krawatte, Hammer, Gewehr, Dolch, Schlange für den Penis, Schwimmbecken, Dose, Schachtel, Schränke, Höhlen, Tore, Schluchten für den weiblichen Uterus oder die Vagina. Allerdings muss auch die persönliche Symbolsprache des Träumenden sowie eine mögliche Vieldeutigkeit der Symbole beachtet werden.

Die neurologische Forschung der 1950-er Jahre fegte diesen Theorieteil der Psychoanalyse für einige Zeit beiseite. Die Erforschung der Hirnaktivitäten Schlafender führte auf die Spur der Rapid Eye Movement (REM)-Phasen, während der der Hirnstamm, Schaltstelle zwischen Wach- und Schlafzustand, alle 90 Minuten scheinbar wahllos Salven von Nervenimpulsen an Regionen der Großhirnrinde schickt. Diese führen zu dem bildhaften, bizarren, mit Gefühlen und Symbolen angereicherten Traumerleben, weil die beteiligten Regionen des Großhirns sich bemühen, aus den wirren Impulsen einen Sinn zu konstruieren. Geschlossen wurde daraus, dass die Trauminhalte zufällig seien und dass Träume dazu dienen, die Funktionsfähigkeit des Gehirns aufrechtzuerhalten.

Welcher Sinn allerdings konstruiert wird, so eine erste Einschränkung der Theorie, hängt von der Weltsicht des Träumers ab, die vor allem auf Erinnerungen beruht. Bei der Betrachtung des Traumes kann es also nicht nur um ein neurologisches Phänomen gehen, es muss auch die psychische Dimension beachtet werden.

Zudem träumen Menschen auch in anderen Stadien des Schlafes. Selbst eine Zerstörung der den REM-Schlaf auslösenden Hirnregionen führt nicht zu einem Verlust des ► S. 102

„Josef K. träumte:

Es war ein schöner Tag und K. wollte spazieren gehen. Kaum aber hatte er zwei Schritte gemacht, war er schon auf dem Friedhof.
Es waren dort sehr künstliche, unpraktisch gewundene Wege, aber er glitt über einen solchen Weg wie auf einem reißenden Wasser in unerschütterlich schwebender Haltung. Schon von der Ferne fasste er einen frisch aufgeworfenen Grabhügel ins Auge, bei dem er Halt machen wollte. Dieser Grabhügel übte fast eine Verlockung auf ihn aus und er glaubte, gar nicht eilig genug hinkommen
zu können. Manchmal sah er den Grabhügel kaum, er wurde ihm verdeckt durch Fahnen, deren Tücher sich wanden und mit großer Kraft aneinander schlugen; man sah die Fahnenträger nicht, aber es war, als herrsche dort viel Jubel.

Während er den Blick noch in die Ferne gerichtet hatte, sah er plötzlich den gleichen Grabhügel neben sich am Weg, ja fast schon hinter sich.
Er sprang eilig ins Gras.
Da der Weg unter seinem abspringenden Fuß weiterraste, schwankte er und fiel gerade vor dem Grabhügel ins Knie. Zwei Männer standen hinter dem Grab und hielten zwischen sich einen Grabstein in der Luft; kaum war K. erschienen, stießen sie den Stein in die Erde und er stand wie festgemauert. Sofort trat aus einem Gebüsch ein dritter Mann hervor, den K. gleich als einen Künstler erkannte.
Er war nur mit Hosen und einem schlecht zugeknöpften Hemd bekleidet; auf dem Kopf hatte er eine Samtkappe; in der Hand hielt er einen gewöhnlichen Bleistift, mit dem er schon beim Näherkommen Figuren in der Luft beschrieb. [...]
Franz Kafka, Ein Traum

Traumerlebens – mögen die Träume auch weniger gut erinnert werden, wirklichkeitsnäher sein und für den Träumenden eine geringere Bedeutung haben.
Der Schlaf muss – so eine weitere Überlegung – ohnehin als fließender Übergang zwischen verschiedenen Bewusstseinszuständen verstanden werden: vom Wachzustand vor dem Einschlafen über spontane Gedanken und Fantasien im Entspannungszustand zu Halluzinationen, Gedankenfetzen, Tageserinnerungen und Traumbruchstücken im Schlaf, die dann bis zu den eigentlichen Trauminszenierungen reichen.
Daher nochmals zurück zu der Frage, worin der mögliche psychologische Sinn des Träumens liegt. Eine Aufgabe könnte darin liegen, das Gehirn im Sinne eines Checks funktionstüchtig zu halten; eine weitere darin, die Erlebnisse des Tages aufzuarbeiten, Unbedeutendes zu löschen und das Erinnerungswerte in das Langzeitgedächtnis zu übertragen. Träumen wäre damit eine Methode der Informationsverarbeitung.
Die Notwendigkeit dafür – so ließe sich eine Hypothese formulieren – liegt schon in der Evolution des Menschen: Die gelungene Verarbeitung neuer Eindrücke ist die Voraussetzung für ein erfolgreiches Zurechtfinden in der Welt. Eine nachträgliche Aufarbeitung im Schlaf könnte die „zwischengelagerten" Eindrücke in die im ***Langzeitgedächtnis*** vorhandenen Erinnerungen eingliedern oder vergessen machen. Gleichzeitig wird die wichtige Verknüpfung zwischen alten und neuen Erfahrungen geschaffen. Die unbewusste Informationsverarbeitung erfolgt wegen der Bildersprache zudem mit hoher Geschwindigkeit und ist einer bewussten, aber zeitaufwändigen kognitiven Verarbeitung überlegen. Mehrere Erlebnisse können gleichzeitig bewältigt werden.
So überrascht es nicht, dass sich auch die Trauminhalte während einer Nacht verändern: Unangenehme „verwandeln" sich zu neutralen oder angenehmen, belastende Erlebnisse werden bewältigt. Besonders in Zeiten von Konflikten, Lebenskrisen oder Schicksalsschlägen haben wir daher den Eindruck, häufig und intensiv zu träumen.

Ohne Träume steigern sich aggressive und sexuelle Impulse; Konzentrationsstörungen, Gedächtnisbeeinträchtigungen und Lernschwierigkeiten nehmen zu, die Fähigkeit, Stress zu bewältigen, wird hingegen geringer. Setzen sich Menschen bewusst mit ihren Träumen auseinander, indem sie sich vornehmen, sie zu erinnern und über sie nachzudenken, werden Lösungen gefühlsmäßig wichtiger Probleme vorangetrieben. Die im Gedächtnis gespeicherten Erfahrungen und Lösungsfähigkeiten werden mobilisiert und mit dem aktuellen Problem in kreativer Weise verknüpft.

Viel spricht also dafür, den Träumen Beachtung entgegenzubringen. Der mit dem Traum verbundene Tagesrest ist oft nicht beliebig, sondern steht mit einem bedeutsamen Konflikt in einer Beziehung. Allerdings ist der berichtete Traum nie der Traum selbst. Es handelt sich schon um eine Interpretation des aus dem Schlaf in die Erinnerung Hinübergeretteten. Auch ist Sprache nur begrenzt fähig, die Bildwelt des Traumes darzustellen. Die eigentliche Traumerfahrung ist nur zum Zeitpunkt des Träumens zugänglich, alles was später davon als Erinnerung wiedergegeben wird, ist verändert und wird durch die Erzählung weiter abgewandelt.

Alles ist Lernen und Veränderung

Das klassische Experiment: Pawlows Versuche zum Reflex des Speichelflusses

Der Physiologe Iwan P. Pawlow (1849-1936) hatte sich bei der Untersuchung der Ausscheidung von Verdauungsdrüsen vor allem auf Hunde spezialisiert; 1904 erhielt er für seine Forschungen zur Physiologie der Verdauung den Nobelpreis für Medizin. Er beobachtete, dass der Speichelfluss seiner Versuchstiere nicht erst bei der Einnahme von Futter einsetzte, sondern bereits bei den Geräuschen, die der Fütterung vorausgingen – etwa als der Wärter den Raum betrat. Bei dem in einem Holzgestell fixierten Hund konnte über ein operativ angebrachtes Röhrchen eine deutlich erhöhte Menge an Speichel festgestellt werden.

So wurde experimentell belegt, dass der Auslöser eines ***Reflexes***, also einer neurologisch angelegten – unbedingten – Reaktion auf einen Stimulus, auf einen anderen – bedingten – Auslöser übergehen kann. Das Tier kann ein Verhalten erwerben, das in seinem natürlichen Repertoire in gleicher Weise nicht vorkommt. Für Pawlow bestand so das ganze Lernen, Verhalten und Leben (Lebensreflex) aus angeborenen (Saugen, Schlucken, Ausscheiden, Atmen) und erworbenen – bedingten (konditionierten) – Teilreflexen. Die gesamte psychische Entwicklung wäre aus seiner Sicht aus der Konditionierung ableitbar.

Lernen ist ein Prozess, der – wie das Denken, Fühlen oder Wahrnehmen – nicht direkt beobachtet werden kann (hypothetisches Konstrukt). Er muss aus neuen oder veränderten Verhaltensweisen, die sich durch Beobachtung und Übung eingestellt haben und eine gewisse Zeit anhalten, erschlossen werden. Bei Lernprozessen darf nicht der evolutionsbiologische Hintergrund vergessen werden: Durch Lernen wird das Verhaltensrepertoire so verbessert, dass es den Anforderungen der Umwelt besser gerecht wird und der Mensch seine Überlebenschancen optimiert – ohne dass er auf biologische Veränderungen zu „warten" braucht. Aus dieser Perspektive betrachtet ist Lernen ein flexibler Anpassungsprozess an die sich ständig wandelnden Erfordernisse der Lebenswelt. So verwundert es nicht, dass Lernen als psychologischer Mechanismus für die Erklärung menschlichen Verhaltens so zentral ist, dass sich letztlich alle Bereiche der Psychologie auf Lernmodelle stützen.
Eine psychologische Grundrichtung, die Lernprozesse in den Mittelpunkt ihrer Theoriebildung gestellt hat, ist der ***Behaviorismus***. Er eröffnete zudem einen neuen methodischen Ansatz: In Abgrenzung zur Bewusstseinspsychologie (WUNDT, TITCHENER), die die Psyche durch intensive Selbstbeobachtung zu erfassen versuchte, baut der Behaviorismus auf der Tierpsychologie (THORNDIKE: Assoziationstheorie) und der russischen Reflexiologie (PAWLOW: Theorie vom bedingten Reflex) auf. Jegliche subjektive Erfahrung wird in radikaler Weise abgelehnt und eine objektive, wissenschaftliche, sich auf das äußerlich beobachtbare Verhalten beschränkende Psychologie gefordert. Der vor allem von

WATSON getragene Neuansatz führte zu einer Revolution in der Psychologie, die in den USA etwa 50 Jahre den wissenschaftlichen Zugang bestimmte.

Kurzbiographie: JOHN BROADUS WATSON (1878-1958)
Der in Greenville (USA) geborene Watson wuchs in einfachen Verhältnissen auf. Das 1900 an der Universität von Chicago begonnene und selbst finanzierte Studium der Philosophie und Psychologie schloss er 1903 mit einer vergleichend-psychologischen Studie über Ratten ab. Nach seinem Wechsel an die Johns Hopkins Universität in Baltimore als Professor (1908-1920) beginnt ein rasanter Aufstieg: Mit der Herausgabe wichtiger Fachzeitschriften (Psychological Review; Journal of Experimental Psychology) und der Wahl zum Präsidenten der „American Psychological Association“ 1915 wurde er schnell zur führenden Persönlichkeit seines Faches. Mit der programmatischen Schrift „Psychology as the behaviorist views it“ (1913) wurde er zum Begründer des Behaviorismus und untermauerte diesen auch empirisch und methodologisch. Er forderte objektive Beobachtung und exakte Messung von Verhaltensvorgängen unter experimentell kontrollierten Bedingungen. Letztlich wurde damit die Psychologie zu einer Naturwissenschaft gemacht. Das Kernstück seiner Theorie wurde die Lernpsychologie, in der er die ***Reiz-Reaktions-Schemata*** in Richtung gesetzmäßiger Zusammenhänge weiterentwickelte. Als die Beziehung zu einer Doktorandin zu einem Scheidungsskandal führte, musste WATSON 1920 von seiner Professur zurücktreten. Er wechselte als Werbefachmann in die Wirtschaft, beeinflusste aber über Vorträge, Zeitschriftenartikel und Bücher die amerikanische Psychologie entscheidend weiter.

Mit der genauen Entschlüsselung der Lernprozesse wurde auch die Hoffnung verknüpft, durch eine „Verbesserung“ von Verhalten zu besseren Lebensbedingungen für alle Menschen zu gelangen. Die Menschen sollten sich und ihre Umwelt in „nützlicher“ Weise zu gestalten beginnen.

Das klassische Konditionieren

Das wohl berühmteste – und oben geschilderte – Lernexperiment geht auf den russischen Physiologen PAWLOW zurück. Im Grunde entdeckt er die schon von ARISTOTELES beschriebenen Gesetze der Assoziationsbildung wieder, nach denen Gedächtnisinhalte, die sich durch Ähnlichkeit, Gegensatz oder eine räumliche oder zeitliche Nähe ihres Auftretens auszeichnen, besonders gut behalten werden. Sie werden in einer intensiven Art und Weise miteinander verknüpft, wobei bei der klassischen Konditionierung vor allem das letzte Gesetz von besonderer Bedeutung ist.

Das Schema, das sich bei den Versuchen mit den Hunden ergab, kann so skizziert werden:

Das Schema der klassischen Konditionierung
Glockenton (NS = neutraler Stimulus) → keine Reaktion
Futter (UKS = unkonditionierter Stimulus) → Speichelabsonderung (UKR = unkonditionierte Reaktion)
Glockenton (NS) + Futter (UKS) → Speichelabsonderung (UKR)
nach mehreren Wiederholungen in räumlich-zeitlicher Nähe (Kontiguität bis zu mehreren Sekunden):
Glockenton (KS = konditionierter Stimulus) → Speichelabsonderung (KR = konditionierte Reaktion)

Gibt man einem hungrigen Hund Futter, setzt reflexartig der Speichelfluss ein. Verknüpft man die Futtergabe in zeitlicher Nähe mit einem Glockenton, kann nach mehreren Wiederholungen alleine durch den Glockenton ein Speicheln ausgelöst werden. Der ursprünglich neutrale Reiz, der keinen Reflex auslöste, wird durch eine Kopplung mit dem unkonditionierten Stimulus „Futter“, der das Verhalten bereits zur Folge hatte, zu einem konditionierten Stimulus. Der Hund stellt eine Verknüpfung zwischen Glockenton und Futter her, und die konditionierte Reaktion ist der unkonditionierten ähnlich (Speichelfluss in unterschiedlichem Ausmaße).

Besonders bedeutsam ist, dass das klassische Konditionieren auf Reflexen oder reflexartigen Reaktionen aufbaut. Daher sind besonders emotionale Reaktionen wie z.B. Angst leicht konditionierbar. WATSON und RAYNER haben sich 1920 in ihrem Experiment mit dem elfmonatigen Albert diesem Problem zugewandt: Die zunächst noch angstfreie Annäherung an die Ratte wandelte sich in Furcht, als das Auftreten

der Ratte mit einem plötzlichen lauten Geräusch gekoppelt wurde. In ähnlicher Weise werden beispielsweise Platzangst oder Hundephobien erklärt.
Bei den Konditionierungsvorgängen ist eine ganze Reihe von Phänomenen feststellbar: Unter ***Reizgeneralisierung*** wird verstanden, wenn eine konditionierte Reaktion auf mehrere ähnliche Bereiche übertragen wird. Angst vor Latein könnte bedeuten, dass sich die Angst nach und nach auf alle Lehrer, möglicherweise sogar auf das Schulgebäude, den Anblick der Schule, das Denken an die Schule ausweitet. Der kleine Albert zeigte nach der Konditionierung Angst vor seinem Stoffhasen, einem Wollball oder einem Pelzmantel. Mit ***Reizdiskrimination*** (***Reizdifferenzierung***) wird ein gegenteiliger Prozess beschrieben. Es schärft sich die Unterscheidungsfähigkeit, auf welche konditionierten Stimuli reagiert wird und welche verlernt werden können. So könnte ein Schüler im Laufe seiner Schullaufbahn lernen, dass nur ein einzelner, besonders unangenehmer Lateinlehrer freitags in der sechsten Stunde, nicht aber die Lateinlehrer an sich in allen Unterrichtsstunden angstauslösend sein müssen.
Eine Konditionierung zweiter Ordnung schließlich meint, dass ein weiterer neutraler Reiz mit einem konditionierten Stimulus verbunden wird und nach einiger Zeit selbst die konditionierte Reaktion auslösen kann. Trägt besagter Lateinlehrer ein besonders intensiv riechendes Rasierwasser, so vermag alleine der Geruch des Rasierwassers im Gang oder auch wenn es von jemand anderem verwendet wird, die Angst vor dem Fach Latein auszulösen.
Ein durch klassische Konditionierung gelerntes Verhalten kann wieder verlernt werden (***Extinktion***), wenn der konditionierte Stimulus längere Zeit ohne den unkonditionierten Stimulus auftritt: Findet eine häufige, langsame Annäherung der Ratte an Albert statt, ohne dass das erschreckende Geräusch damit gekoppelt ist, kann das Tier wieder zu einem Spielgefährten werden. Allerdings ist gerade bei starken Emotionen feststellbar, dass sie nicht leicht zu löschen sind: Zu denken ist nur an die Angst vor Hunden oder Spinnen.

Zudem ist als weiteres Phänomen die ***spontane Erholung*** feststellbar: Nach einer Ruhephase tritt, wenn auch auf niedrigerem Niveau, nach einer erneuten Darbietung des konditionierten Stimulus auch die konditionierte Reaktion wieder auf.

Dass ein Verhalten nicht mehr auftritt, bedeutet nicht, dass es wirklich verlernt wurde.

Bei all den Beispielen bleibt kritikwürdig, ob die meist aus Tierversuchen gewonnenen Ergebnisse auf den Menschen übertragbar sind. Daher wurden im „Neobehaviorismus" vermittelnde innere Prozesse zwischen Reiz und Reaktion zugelassen – Denkprozesse (kognitive Landkarten) oder Erwartungen der Versuchstiere und -personen („intervenierende Variablen") –, um das Verhalten wirklichkeitsangemessener erklären und vorhersagen zu können (TOLMAN).

Lernen am Erfolg

Geht die klassische Konditionierung von unwillkürlichen Reflexen aus, stellt das ***operante Konditionieren*** – das Lernen am Erfolg – ein aktives und suchendes Lebewesen in den Mittelpunkt, dessen Verhalten Folgen nach sich zieht. Damit wird ein grundsätzlich anderes Menschenbild deutlich. Entscheidend sind also Verhaltenskonsequenzen: Ob ein Verhalten – eine Reaktion – häufiger oder seltener auftritt, hängt davon ab, ob sich ein Verhalten als wirkungsvoll – operant – erweist. Ein Verhalten beginnt dann häufiger aufzutreten (Verhaltensauslese), wenn es zu einem Instrument werden kann, um eine Bekräftigung zu erlangen. Da der Lernende damit

„absichtsvoll“ etwas zu erreichen versucht, geht das operante Konditionieren über das klassische Konditionieren hinaus. Der Mensch ist nicht mehr alleine auf ererbte ***Reflexe*** angewiesen, um ein neuartiges Verhalten zu erlernen.
Förderlich für Lernprozesse ist abermals eine räumlich-zeitliche Nähe zwischen Verhalten und Verstärker. Zudem muss beim Lernenden eine Bereitschaft zum Lernen (Bedürfnisse wie Hunger; eine innere Spannung, einen angenehmen Zustand herzustellen oder einen unangenehmen zu meiden) vorhanden sein. Berühmt wurden vor allem die ausgeklügelten Experimente SKINNERS.

Das klassische Experiment: die Tierversuche BURRHUS F. SKINNERS (1904-1990)
In einer extra für die Versuchszwecke konstruierten Skinner-Box haben die Versuchstiere, meist Tauben oder Ratten, die Aufgabe, eine bestimmte Verhaltensweise, etwa das Drücken eines Hebels, zu erlernen. Das anfänglich ziellose Verhalten führt dazu, dass die hungrigen oder durstigen Tiere zufällig einen Hebel betätigen oder auf eine Scheibe picken, worauf sie Futter erhalten (Konsequenz). Das Verhalten wurde also positiv ***verstärkt*** („reinforcing“), und als Folge lässt sich in kurzer Zeit feststellen, dass das Verhalten (Reaktion) vermehrt und zielgerichtet gezeigt wird: Die Versuchstiere haben das Betätigen des Hebels gelernt.
THORNDIKE legte bei ähnlichen Versuchen mit Katzen – er sperrte sie in Holzkäfige, aus denen sie durch Öffnen eines Riegels entkommen mussten, um zum Futternapf zu gelangen – Versuch und Irrtum als Verhaltensprinzipien zugrunde. Aus unnützen Bewegungen werden Gewohnheiten, wenn sie geübt werden können und dabei ein Zustand der Befriedigung eintritt. Erfolglose Verhaltensweisen werden hingegen vergessen.
SKINNER ging es eher um die Art und Weise, wie Verhalten zielgerichtet geformt werden kann. Da erwachsene Menschen durchaus die Wirkungsmechanismen der Verstärkung durchschauen können, können sie ihre eigenen Lernbedingungen danach ausrichten und ihren Bedürfnissen anpassen (Verhaltensänderungen; Programmierter Unterricht).

SKINNER geht von vier möglichen Verhaltenskonsequenzen aus (***Kontingenzschema***), wodurch Vielfalt und Komplexität des operanten Konditionierens erkennbar werden:

	Darbietung	Beseitigung
positiver Verstärker	A = positive Bekräftigung, „Belohnungstraining“	B = Bestrafung (Typ II) durch Verlust „Unterlassungstraining“
negativer Verstärker	C = Bestrafung (Typ I) „Bestrafungstraining“	D = negative Bekräftigung „Fluchttraining“

Wird ein Schüler von einem Lehrer für seine Mitarbeit gelobt, kann eine häufigere und intensivere Mitarbeit entstehen (Fall A; positive Bekräftigung). Paradoxerweise kann dies aber auch der Fall sein, wenn die Mutter, die ihr Kind während der Hausarbeiten nicht beachtet, dieses ausschimpft, nachdem es einen Stuhl umgeworfen hat. Auch das Tadeln kann als Zuwendung gedeutet werden und auffälliges und störendes Verhalten weiter verstärken. Daher ist gerade in Erziehungssituationen oft eine Verknüpfung von Nichtbeachten unerwünschten Verhaltens (***Extinktion***) mit dem Verstärken erwünschten Verhaltens – in unserem Beispiel: Bewunderung des gemalten Bildes oder Lob der kleinen Hilfstätigkeiten – sinnvoller („differentielle Verstärkung“).
Verhält sich ein Lehrer einem Schüler gegenüber, den er sonst häufig anlächelt und dem er immer wieder aufmunternd zunickt, gleichgültig und distanziert, weil der Schüler während der Stunde häufiger stört, entzieht er ihm die Zuwendung („Auszeit“). Der Schüler wird „bestraft“. Um die Verstärkung des Lehrers wieder zu erlangen, ändert der Schüler möglicherweise sein Verhalten und stört weniger (Fall B). Eine weitere Möglichkeit der ***Bestrafung*** durch Verlust sind die so genannten Folgekosten. Hierbei werden schon einmal gewährte Verstärker – beispielsweise die Fleißsternchen für ordentliche Heftführung – wieder entzogen, nachdem sich z.B. die Arbeitssorgfalt verschlechtert hat.
Eine klassische Bestrafung liegt vor, wenn der Lehrer dem Schüler für die unerledigten Hausaufgaben einen Verweis erteilt (Fall C). Bestrafungen sind nur dann sinnvoll, wenn

sie unmittelbar auf das Verhalten folgen und relativ hart sind. Häufig wird die Beziehung zwischen den Interaktionspartnern dadurch belastet.
Unter einer negativen Verstärkung versteht man schließlich, die unangenehmen Begleitumstände einer Situation zu beseitigen. Unterrichtet ein Lehrer eine unruhige und unmotivierte Klasse sehr straff, fordernd und arbeitsintensiv, so lange sie dieses Verhalten zeigt, wird der Unterricht aber lockerer, mit mehr durch die Schüler gestaltbaren Freiräumen, wenn diese ein solides Arbeitsverhalten und Interesse signalisieren, ist dieses neue Verhalten der Schüler belohnt worden. Es wird als Erleichterung erlebt, wenn der unangenehme Reiz (strenge Unterrichtsführung) durch ein erwünschtes Verhalten (Mitarbeit) beendet werden kann (Fall D).

> *Operantes Konditionieren kann ein differenziertes Wechselspiel zwischen Interaktionspartnern sein.*

Letztlich geht es beim operanten Konditionieren um Rückmeldungen, ob ein Verhalten erwünscht oder unerwünscht, sinnvoll oder nicht sinnvoll, erfolgreich oder nicht erfolgreich ist. Für den pädagogisch-erzieherischen Bereich ist weiter das ***Premack-Prinzip*** von Bedeutung. Hier wird weniger angenehmes Verhalten mit der Aussicht auf ein attraktives Verhalten gekoppelt. So kann die sorgfältige Erledigung der Hausaufgaben mit der Dauer des nachmittäglichen Fernsehkonsums verknüpft werden; oder das gewissenhafte Erfüllen des Wochenplanes durch die Klasse mündet in einer frei gestalteten Internetstunde im Computerraum.
Besonders in der Dressur wurde das operante Konditionieren perfektioniert. Dabei werden die für den Dressurakt notwendigen komplexen Verhaltensabläufe in viele kleine Teilschritte untergliedert (schrittweise Verhaltensänderung) und nacheinander und mit steigendem Anspruch verstärkt („Belohnungstraining"). Das tatsächliche Verhalten wird an das zu lernende angenähert (Springen über ein Hindernis oder durch einen brennenden Reifen) und zielgerichtet eingegrenzt.

Menschen sind mehr als das Ergebnis von Dressurakten.

Noch nicht ausreichend geklärt ist, auf welche Weise belohnt werden muss, damit die Verhaltensweisen nicht nur schnell, sondern auch langfristig aufgebaut werden. Wird ein Verhalten bei jedem Auftreten verstärkt (***kontinuierliche*** Bekräftigung), lassen sich Verhaltensweisen schnell aufbauen, doch werden sie nicht dauerhaft beibehalten. Als effektiver erweist sich die ***intermittierende*** Bekräftigung, bei der ein Verhalten unregelmäßig verstärkt wird.
Über Verstärkerpläne versucht man das intermittierende Bekräftigen zu perfektionieren:

- feste Quote: Verstärkung nach einer festen Anzahl gezeigter Verhaltensweisen
- festes Intervall: Verstärkung des ersten gewünschten Verhaltens nach einer festgelegten Zeitdauer
- variable Quote: ausgehend von einem Gesamtdurchschnitt der Verstärkungshäufigkeit (etwa: jedes fünfte Verhalten) werden die Verhaltensweisen zufällig bekräftigt (etwa: das zweite, das elfte, das fünfte, ...)
- variables Intervall: ausgehend von einem Gesamtdurchschnitt der Zeitintervalle (etwa: alle vierzig Sekunden), werden die Verhaltensweisen in unregelmäßigen Zeitintervallen bekräftigt (etwa: nach fünf Sekunden, nach zwei Minuten, nach dreißig Sekunden ...)

Neben ***materiellen Verstärkern*** (Süßigkeiten, Geschenke) haben sich bei Menschen vor allem ***soziale Verstärker*** (Zu-

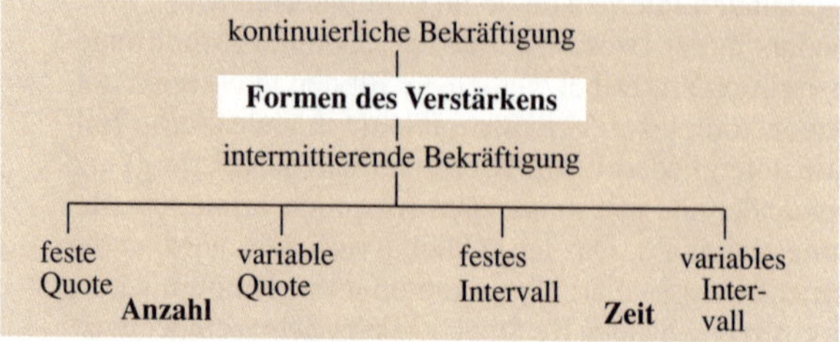

wendung, Lob, Lächeln, Blickkontakt) und Aktivitätsverstärker (Sport, Rockkonzert, Ausflug) bewährt. Besonders materielle Verstärker führen schnell zur Sättigung und werden wirkungslos. Unterschätzt werden darf auch nicht, dass Erfolgserlebnisse, Interesse und Spaß an einem Verhalten (gute Noten, Beherrschen eines Musikinstruments, Lösen einer schwierigen Aufgabe) als ***verdeckte Verstärker*** eine äußere Bekräftigung überflüssig machen können (***intrinsische Motivation***). Unter ***informativen Verstärkern*** versteht man schließlich Rückmeldungen für Lerner, wie weit sie schon bei dem Erreichen des Lernzieles Fortschritte gemacht haben (richtige Teilaufgabe, sinnvoller Versuchsplan).

> *Am wirkungsvollsten ist noch immer, wenn man von dem, was man tut, innerlich überzeugt ist.*

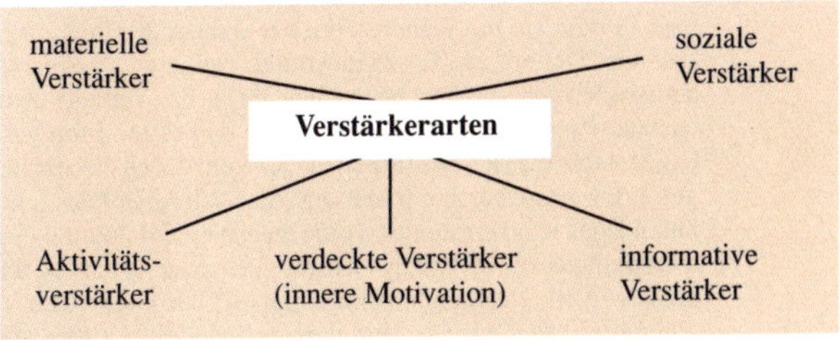

Das Lernen am Modell

Mit dem Lernen am Modell werden der ***Behaviorismus*** und die rein verhaltensorientierten Modelle in Richtung ***kognitiver Theorien*** des Lernens verlassen. Das Manko, das den beiden bisher vorgestellten Theorien anhaftet, ist, dass sie für die doch komplexen menschlichen Verhaltensmuster als unzureichend angesehen werden. Für den Menschen hat vor allem das handelnde Demonstrieren von Verhaltensabläufen eine große Bedeutung. Alleine durch Beobachtung können wir uns diese aneignen (***Akquisition***), wir müssen sie nicht einmal probeweise ausführen (***Performanz***). Dadurch können neue Verhaltensweisen erworben werden, ohne dass die Konsequenzen – gleichgültig, ob positive und negative Verstärker oder Strafen – am eigenen Leib erfahren werden müssen. Für Aufsehen haben vor allem die Experimente BANDURAS gesorgt, der mit dem Lernen am Modell eine schlüssige Erklärung aggressiven Verhaltens zu liefern schien.

Das klassische Experiment: ALBERT BANDURA und die Entstehung aggressiven Verhaltens durch die Beobachtung eines Modells

Kindern zwischen dreieinhalb und sechs Jahren, die man in drei Gruppen aufteilte, wurden Filme gezeigt, in denen ein Erwachsener (Rocky) eine im Wege stehende lebensgroße Puppe angriff und beschimpfte. In einer Filmversion wurde Rocky von einem Erwachsenen gelobt und mit Süßigkeiten belohnt; in einer anderen wurde er geschimpft und mit einer zusammengerollten Zeitung geschlagen. In einer dritten Version blieb das Verhalten des Modells ohne Konsequenzen.

Nach Betrachten der Filme brachte man die Kinder in ein Zimmer, in dem sie mit Gegenständen und auch der Puppe spielen konnten. Die einzeln für zehn Minuten alleine gelassenen Kinder wurden dahingehend beobachtet, ob sie das Verhalten Rockys nachahmen oder nicht. Kinder, die die den ersten Film gesehen hatten, taten dies am häufigsten, diejenigen, denen die zweite vorgeführt worden war, am seltensten. Als nach Ablauf der zehn Minuten jedes Kind ermuntert wurde, gegen eine Belohnung so viele Verhaltensweisen Rockys wie möglich zu zeigen, stieg das aggressive Verhalten in allen drei Gruppen ohne Unterschiede an – alle hatten offenbar das Verhalten des Modells gelernt, gleichgültig, ob sie es in der Spielsituation ausführten oder nicht.

Nach BANDURA gibt es vier charakteristische Phasen modellhaften Lernens: Zuerst wird die Aufmerksamkeit auf das Modell ausgerichtet, dann über Bilder und Sprache das Verhalten gespeichert. Der Beobachter muss selbst über die körperlichen und psychischen Fähigkeiten verfügen, das Verhalten durchzuführen, oder sich diese in einer Übungsphase aneignen. Schließlich muss eine Motivation, ein innerer Antrieb, bestehen, das Verhalten auch wirklich auszuführen. Hier bietet sich ein guter Verknüpfungspunkt zum ***operanten Lernen*** an: Sowohl das Lernen als auch die Ausführung des Verhaltens werden wahrscheinlicher, wenn etwas davon erwartet werden kann, wenn also die Reaktion verstärkende Konsequenzen nach sich zieht. Dies meint weniger eine äußere Belohnung als ein inneres Abschätzen, ob das Verhalten überhaupt erfolgreich ist.

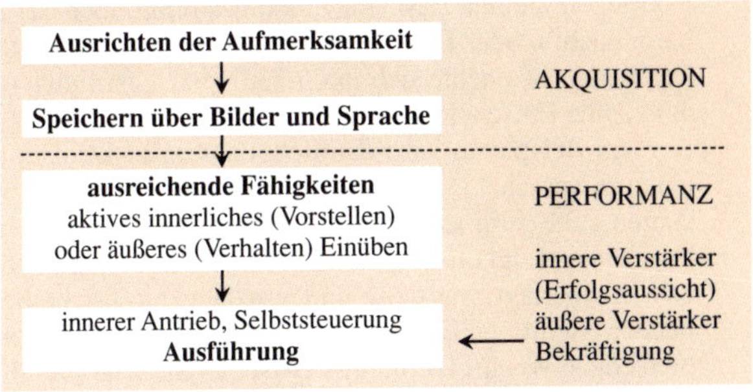

Das Verhalten eines Modells wird dann besonders gründlich übernommen, wenn es Macht, Prestige und Kompetenz verkörpert und attraktiv erscheint. Von Bedeutung ist weiter die Beziehung zum Beobachter, ob diesem Wertschätzung und Verständnis entgegengebracht wird und dessen Bedürfnisse angesprochen werden, ob das Modell dem Beobachter vielleicht sogar ähnlich ist. Vorteilhaft ist es, wenn sich das Modell deutlich von anderen abhebt (Aufmerksamkeit), es den Beobachter nicht überfordert (Fähigkeiten) und mit seinem Verhalten Erfolg hat (Verstärkung, Erfolgsaussicht).
Ist der Beobachter in seiner Persönlichkeit vor allem von Unsicherheit und Angst geprägt, besitzt er ein geringes Selbstwertgefühl, so steigt die Bereitschaft zur Übernahme und Nachahmung von Verhaltensweisen.

Persönlichkeit schützt vor der besinnungslosen Nachahmung von Idolen.

Für das Erlernen aggressiven Verhaltens ist das Experiment Banduras nach wie vor bedenkenswert: Gewaltdarstellungen in den Medien hinterlassen in jedem Kind ihre Spuren – selbst wenn keine „Horrorkids“ dabei herauskommen mögen.

Das Denken bestimmt unser Sein

Was ist eigentlich „Denken“? Die Bedeutungsvielfalt des Wortes macht es schwer, es genau zu bestimmen: Es kann Überlegen meinen („Sie dachte angestrengt über das Problem nach“), oder Erinnern („Er dachte an seine Mutter“), Urteilen („Sie dachte sich ihren Teil“) oder Vermuten („Ich denke, die Entscheidung war richtig“).
Bei den Beispielen wird deutlich, dass unser Denken zum einen in Sprache, in einander zugeordneten Begriffen, vonstatten geht, zum anderen in Bildern: Das Abwägen eines Problems erfolgt oft in sprachlich formulierten Argumenten, es wird überlegt, was dafür und was dagegen spricht. Schon bei der kognitiven Entwicklung des Kindes sind wir von einem engen Wechselverhältnis zwischen Sprache (Symbole) und Denken ausgegangen. Das Denken an die Mutter wird hingegen immer mit Erinnerungsbildern oder einem innerlich konstruierten Bild einer Frau einhergehen.
Wie das Denken erfolgt, ist aber noch immer ein Rätsel, wir sind abermals auf Selbstbeobachtungen von Menschen (***Introspektion***) angewiesen. Beispielsweise ist das Lösen von Problemen ein komplexes Geschehen: Informationen müssen wahrgenommen, verarbeitet und mit im Gedächtnis vorhandenem Wissen abgeglichen sowie auf die Fragestellung angewandt werden. Schlussfolgerungen beruhen zu einem guten Teil auf Erfahrungen, also einem Erinnern, sie stellen aber auch immer einen kreativen Prozess dar, da neues Wissen (Erkenntnis einer Lösung) hervorgebracht wird.

> ***Kognitivismus*** *ist eine Strömung in der Psychologie, die das Wechselverhältnis des Menschen mit seiner Umwelt als steten Austausch von Informationen betrachtet.*

WILHELM WUNDTS 1879 in Leipzig gegründetes „Psychologisches Institut“ hatte es sich als Ziel gesetzt, Bewusstseinsprozesse, und damit kognitive Vorgänge, zu erforschen. Auch die Würzburger Schule und die Gestaltpsychologie in den 1920-er und 30-er Jahren beschäftigten sich intensiv mit

Denkprozessen und Wahrnehmung, kognitiven Schemata und ihrer Umstrukturierung.

> **Kurzbiographie: Wilhelm Wundt (1832-1920)**
> Wundt wurde 1832 als Sohn eines lutherischen Pastors in Neckarau bei Mannheim geboren. Nach dem Studium der Medizin in Tübingen und Heidelberg, in dem er sich auf Anatomie und Physiologie spezialisierte, arbeitete er als Assistenzarzt in der Pathologie der Frauenabteilung der Städtischen Klinik Heidelberg. Nach seiner Berufung zum Professor für Anatomie und medizinische Psychologie in Heidelberg und einer kurzen Zwischenstation in Zürich wurde Wundt schließlich zum Professor für Philosophie nach Leipzig berufen.
> Neben der experimentellen psychologischen Methodik (Experiment, Beobachtung), die Wundt letztlich begründete und mittels derer er die aus Gefühlen, Empfindungen und Vorstellungen bestehenden Bewusstseinsvorgänge zu erforschen versuchte, sind seine Forschungen zur Völkerpsychologie (1900-1920) bemerkenswert. In ihnen versuchte er den sittlichen Ideen und Werten im Laufe der Menschheitsgeschichte nachzugehen.

Dieser Ansatz – jeder von uns denkt unablässig nach und kann sich der Denkvorgänge bewusst werden – ist jedoch durch den Behaviorismus so stark zurückgedrängt worden, dass er von der Psychologie zu Beginn der 1960-er Jahre regelrecht wiederentdeckt werden musste („kognitive Wende"). In den Mittelpunkt wurden nun wieder die zwischen einem äußeren Reiz und der sich einstellenden Reaktion ablaufenden inneren Verarbeitungsprozesse gestellt.
Entsprechend ist das Menschenbild der kognitiven Psychologen von dem der Behavioristen grundlegend verschieden. Der Mensch wird als erkennendes, analysierendes, überlegendes, verstehendes, kreatives, überlegt und bewusst handelndes Subjekt betrachtet. Es steht nicht nur in einem ständigen Austausch mit seiner Umwelt, es verändert zudem seine Umwelt aktiv mit. Daher geht es im Kognitivismus um eine Betrachtung des Wahrnehmens und Denkens sowie um eine Deutung menschlichen Verhaltens als absichtsvoll, zielgerichtet, selbstbestimmt und vernunftgeleitet, was mit dem Begriff „Handlung" auszudrücken versucht wird.

Basismodelle des Kognitivismus – Informationsverarbeitung, Kybernetik und systemisches Denken

Das Lösen von Problemen hat immer auch mit der Verarbeitung von Informationen zu tun. So lag es nahe, Modelle aus der Datenverarbeitung und der Kybernetik auch auf menschliche Denkprozesse zu übertragen.
Wird der Mensch als informationsverarbeitendes System betrachtet, geraten vor allem die Prozesse der Aufnahme (Input), Verarbeitung und Umwandlung sowie Speicherung von Informationen ins Blickfeld. Sie bewirken Veränderungen wie Handlungen, Urteile oder Gefühlsregungen (Output).

> *Von einem System spricht man, wenn Teile zu einem Ganzen zusammenwirken (Wirkungsgefüge).*

Als Steuerungs- und Verarbeitungszentrum wird ein Prozessor angenommen, der in seiner Vorgehensweise gespeicherten Programmen folgt. Diese bestehen aus einer Abfolge von Handlungsanweisungen, wie man z.B. von einem Ausgangspunkt (Fragestellung: Wie bediene ich den DVD-Player?) zum Ziel gelangt (Problemlösung: Abspielen einer DVD). Verhalten wird damit zu einer Abfolge komplexer Handlungspläne und -steuerungen, die auf einem ständigen Austausch mit der Umgebung, den Informationen aus unserem Organismus und den Gedächtnisinhalten beruhen. So werden in unserem Beispiel die Gebrauchsanweisung, Auskünfte des anwesenden Freundes, Motivation und Interesse, Wissen über die Bedienung technischer Geräte wie CD-Player, Video-Rekorder oder Fernseher herangezogen und ausgewertet.
Je mehr und umso komplexere Programme man in sich zur Verfügung hat, je flexibler und offener man mit ihnen und neu aufzunehmenden Informationen umgeht, umso schneller und erfolgreicher wird die Fragestellung bewältigt. Vorgänge der Informationsverarbeitung bauen also im Sinne eines Lernprozesses aufeinander auf, und das Gedächtnis hält nicht nur einen sich ständig erweiternden Pool von Infor-

mationen bereit, sondern auch unablässig in ihrer Tauglichkeit überprüfte und verbesserte Programme.

„Informationsverarbeitung" umschreibt alle Vorgänge, durch die Informationen aufgenommen, bearbeitet, gespeichert und interpretiert werden.

Mit dem kybernetischen Modell wird versucht, menschliches Handeln als Ergebnis von Regelungen zu beschreiben. MILLER, GALANTER und PRIBRAM sehen in ihrem T(est)-O(peration)-T(est)-E(xit)-Modell einen Regelkreis, durch den – entsprechend komplex und hierarchisch miteinander verschaltet – auch umfangreiche Handlungen beschrieben werden können. Wird beispielsweise als Soll-Wert (Zielzustand) eine sorgfältige Vorbereitung auf eine Prüfung anvisiert, wird der bislang erreichte Ist-Wert – Informationen über die Prüfung und das erlangte Wissen – mit dem Soll-Wert verglichen (Test). Falls noch keine Übereinstimmung erlangt wurde – keine Kenntnisse darüber, wer prüft und was geprüft werden soll –, setzt eine Tätigkeit ein, durch die die Ist-Soll-Abweichung beseitigt werden soll (Operation; Regulation). In unserem Beispiel könnten das Erkundigungen über und beim Prüfer sein, das Erstellen eines Arbeitsplanes, die Planung des Prüfungsablaufes ... Die ständigen Rückmeldungen über die noch bestehenden Ist-Soll-Abweichungen führen so lange zu weiteren Operationen, bis eine Übereinstimmung erreicht wird (Exit). Denk- und Bewertungsvorgänge ziehen also ein regulierendes Handeln nach sich, bis das vorgegebene Ziel erreicht ist.
Kritisiert wird immer wieder, dass die Modelle der Informationsverarbeitung zu wenig die motivationalen, gefühls-

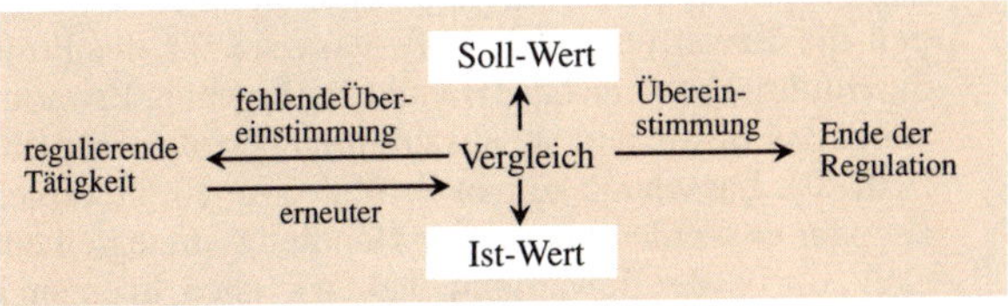

mäßigen und sozialen Prozesse, in die die Denkprozesse eingebettet sind und die diese mit beeinflussen, berücksichtigen. Auch sind die Problemstellungen, denen wir im Alltag ausgesetzt werden, so umfangreich, teils undurchsichtig und in ihren einzelnen Variablen so vernetzt, dass es nach wie vor schwierig bleibt, einen Denk- und Problemlösungsprozess abzubilden. Verkompliziert wird dies noch dadurch, dass sich Problemstellungen während ihrer Bearbeitung verändern, die verfolgten Zielsetzungen widersprüchlich oder gar gegensätzlich sein können und es nicht einen einzigen richtigen Weg der Bewältigung gibt. Komplexe Aufgabenstellungen können nur mehr oder weniger erfolgreich bearbeitet, nie aber restlos gelöst werden.

Motivationspsychologische Theorien der kognitiven Psychologie

Besonders in der Motivationspsychologie wird die Bedeutung innerer Denkprozesse – hier von Erwartungen – und Selbstregulierungen aufgegriffen. Nach HECKHAUSEN sind wir in unserem Handeln von Wertvorstellungen geprägt, die uns danach streben lassen, Ziele zu erreichen – gedacht sei an Leistungen, die uns mit Zufriedenheit erfüllen oder uns ein berufliches Fortkommen ermöglichen. Bestimmte Situationen bergen Hinweise für uns, dass unser Handeln uns diesen Zielen näher bringt, etwa ein anspruchsvolles berufliches Projekt, das uns angeboten wird. Kann in einer Situation nicht erwartet werden, dass sich ein Ergebnis von alleine einstellt (Situations-Ergebnis-Erwartung), steigt die Wahrscheinlichkeit für eine Handlung – in unserem Fall für die Entscheidung, die Durchführung des Projektes zu übernehmen. Wird zudem mit den voraussichtlichen Handlungen die Erwartung verknüpft, dass sie für die Projektdurchführung ausreichen (Handlungs-Ergebnis-Erwartung), steigt das Bestreben, sie auszuführen (Erfolgswahrscheinlichkeit). Lassen sie keinen Erfolg erwarten, unterbleiben sie oder es werden alternative Handlungsstrategien entwickelt, die bei der Bewältigung helfen können. In einem letzten Teil des Bewertungsprozesses wird darüber entschieden, ob die Folgen des Ergebnisses so attraktiv sind, dass sie eine Handlung sinnvoll erscheinen lassen: Ist das Projekt wirklich so ergiebig für die Berufszufriedenheit und so vorteilhaft für das Fortkommen, dass sich ein Engagement lohnt? Stellen sich die Folgen in einer überschaubaren Zeit ein?

Über derartige Entscheidungsprozesse hinaus gibt es natürlich Tätigkeiten, die so reizvoll sind, dass sie um ihrer selbst willen ausgeführt werden: Vielleicht macht das Durchfüh-

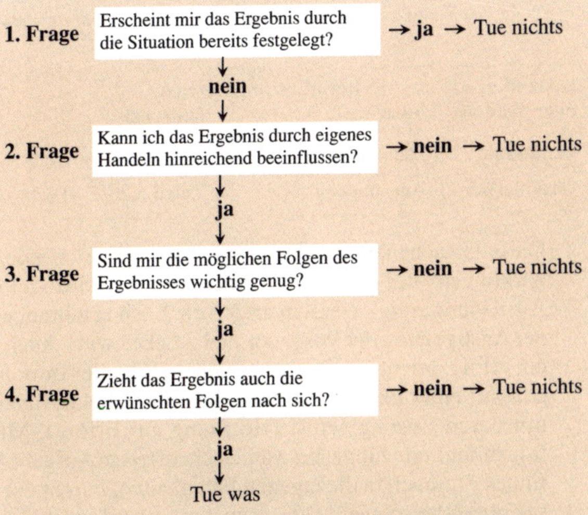

nach: H. Heckhausen, F. Rheinberg: Lernmotivation im Unterricht erneut betrachtet, in: Unterrichtswissenschaft 8/1980, S. 19

ren von Projekten so viel Spaß, dass das Abwägen von Erwartungen und ein möglicher Nutzen keine Rolle spielen. Erwartungen und Anreize stehen auch im Mittelpunkt der Motivationstheorie von WEINER. Er versucht die Denkprozesse, die Handlungen in Leistungssituationen vorausgehen, näher zu erklären. Sie haben oft die vorausgehenden Erfahrungen als Grundlage. Erfolgsorientierte Schüler schreiben den Erfolg bisheriger Leistungen inneren stabilen Eigenschaften, ihren Fähigkeiten, zu; sie bekräftigen sich selbst. Misserfolge werden eher durch mangelnde Anstrengung oder Pech entschuldigt. Misserfolgsorientierte hingegen sehen Erfolge auf äußeren Einflüssen, wie der Leichtigkeit der Aufgabe, oder auf Glück beruhen. Misserfolge werden vor allem mit mangelnden Fähigkeiten begründet.

Attributionen sind Deutungen, mit deren Hilfe sich Personen das Zustandekommen von Ereignissen zu erklären versuchen.

Beständigkeit über die Zeit	**Beeinflussungsbereich** **innerlich**	**äußerlich**
beständig	Fähigkeit (Begabung)	Aufgabenschwierigkeit
veränderbar	Anstrengung	Zufall (Glück – Pech)

Diese Ursachenzuschreibungen haben weit reichende Auswirkungen: Bei der Lösung einer Aufgabe wird viel mehr Ausdauer gezeigt, wenn man sich die Lösung zutraut und in der Anstrengung der Weg zum Ziel gesehen wird. Auch wählen erfolgsorientierte Menschen eher reizvolle Anforderungen mit einer mittleren Schwierigkeit und bekräftigen sich mit deren Lösung selbst (Hoffnung auf Erfolg). Misserfolgsorientierte hingegen wählen eher leichte Aufgaben (geringes Zutrauen in die eigenen Fähigkeiten, Furcht vor Misserfolg) oder schwere (Vorwegnahme einer Entschuldigung im Falle des Scheiterns).
Bei misserfolgsorientierten Menschen kann man versuchen, die Erfolgszuversicht zu verstärken. Gefördert wird vor allem eine wirklichkeitsangemessene Zielsetzung, also die Wahl reizvoller mittelschwerer Aufgaben, die mit Anstrengung Erfolgserlebnisse ermöglichen und Lernfortschritte sichtbar machen. Auch wird versucht, sich selbst abwerten-

des Denken – etwa das Kreisen um die eigenen mangelnden Fähigkeiten – durch eine realistische Einschätzung der eigenen Möglichkeiten zu ersetzen. Hilfreich ist dabei eine konsequente Rückmeldung der Leistungsfortschritte.
Die beiden auf einer kognitivistischen Auffassung beruhenden Modelle der Motivation machen deutlich, dass in unserem Leben bewusste und unbewusste Entscheidungsprozesse eine wichtige Rolle spielen. Sie beruhen oft auf Erwartungen über die Folgen, die unser Handeln haben wird, und auf Einschätzungen unserer eigenen Person und der Situation, in der wir uns befinden. Besonders im Leistungsbereich empfinden wir es als schmerzlich, wenn gesetzte Ansprüche nicht erreicht werden können und unsere Schemata über uns selbst oder über die Art, wie wir Herausforderungen begegnen, korrigiert und angepasst werden müssen. „Falsches“ Denken und „falsche“ Überzeugungen stehen entsprechend im Mittelpunkt einer kognitiven Therapie.

Ein kurzer Ausblick

Die Psychologie ist eine sehr junge Wissenschaft (mit einer langen Vergangenheit): Das erste pychologische Laboratorium wurde von Wundt 1879 in Leipzig eingerichtet. Trotz ihrer Bedeutung gibt es Stimmen, die bezweifeln, ob es die Psychologie in hundert Jahren als Fachwissenschaft überhaupt noch geben wird. Zum Teil hat dies mit der immer stärkeren Zersplitterung ihrer Disziplinen zu tun, denen ein integrierendes Theoriengebäude verloren gegangen ist. Zudem ist davon auszugehen, dass sich als neue Leitwissenschaften vor allem die Biowissenschaften durchsetzen werden („Human Genom Projekt"; Verhaltensgenetik, Endokrinologie, Neurobiologie), aus denen sich neue Erkenntnis- wie Therapiemöglichkeiten über einen psychologischen Zugriff hinaus eröffnen werden.
Die Orientierung der Psychologie könnte dann weg von einer experimentellen Naturwissenschaft hin zu einer Sozial- und humanistischen Wissenschaft laufen, die sich dem Verstehen und Lösen sozialer, gesellschaftlicher, pädagogischer, betrieblicher und therapeutischer Probleme zuwendet, welche sich in und aus der Moderne ergeben: aus der Umweltzerstörung, den sozialen und politischen Ungerechtigkeiten innerhalb und zwischen Staaten, aus Kriegen und aus der mit der Moderne einhergehenden Sinn- und Identitätskrise des Menschen und der industrialisierten Gesellschaften. Sie würde sich damit ihres Hauptgegenstands, des Menschen, unter der neuen Perspektive annehmen, wie sein Verhalten und Erleben hin zu einer Emanzipation und Selbstverwirklichung und damit zu einer besseren Gestaltung zwischenmenschlichen Zusammenlebens weiterentwickelt werden kann.

Adressen und Literatur

Auswahl von Internet-Adressen

Die folgenden Internet-Adressen haben wir überprüft (Redaktionsschluss: 4. 12. 01). Dennoch können wir nicht ausschließen, dass unter einer solchen Adresse inzwischen ein ganz anderer Inhalt angeboten wird.

Psychologie lernen
Fernuniversität Hagen: http://psychologie.fernuni-hagen.de
Homepage von Prof. Dr. Stangl: http://www.stangl-taller.at/index.html
Psychologie im Internet
http://www.psychologie.de
http://www.psychcrawler.com
Psychologische Institute und Verbände in Deutschland, Österreich und der Schweiz
http://www.psychologie.uni-bonn.de/p-online/index.htm
http://www.dgps.de
http://www.bdp-verband.org
http://www.unifr.ch/psycho/sgp-ssp
http://www.boep.or.at
Wahrnehmung
http://www.uni-mannheim.de/fakul/psycho/irtel/InteraktiveMedien
Lernen
http://www.ni.schule.de/~pohl/lernen/index.htm
http://home.t-online.de/home/pchott/index1.htm
Psychische Erkrankungen
ICD-10:
http://www.dimdi.de/germ/klassi/icd10/fr-icd10.htm
http://www.informatik.fh-luebeck.de/icdger/welcome.htm
Angst:
http://angsterkrankungen.de
http://www.ifap-index.de/bda-manuale/angst1/index.html
http://www.aerztezeitung.de/medizin/angst
Depression:
http://www.psychiatrie.de/diagnose/depress.htm
http://www.ifap-index.de/bda-manuale/depressionen/index.html
http://www.aerztezeitung.de/medizin/depressionen
Psychotherapie
http://www.lake.de/forum/sonst/psi/Psychotherapie.html
http://www.psychotherapie.org
Jean Piaget
http://www.unige.ch/piaget/presentd.html

Freud und die Psychoanalyse
Sigmund-Freud-Museum Wien: http://freud.t0.or.at/freud/home-d.htm
Sigmund-Freud-Museum London: http://www.freud.org.uk/
Psychoanalyse im WWW: http://www.psychoanalyse.uni-hd.de

Empfehlenswerte Literatur

Anderson, John R.: Kognitive Psychologie, Heidelberg 32001

Asendorpf, Jens B.: Psychologie der Persönlichkeit, Berlin/Heidelberg ^{2}1999

Edelmann, Walter: Lernpychologie, Weinheim ^{6}2000

Fend, Helmut: Entwicklungspsychologie des Jugendalters, Stuttgart 2000

Goldstein, E. Bruce: Wahrnehmungspsychologie. Eine Einführung, Heidelberg 1997

Goswami, Usha: So denken Kinder. Einführung in die Psychologie der kognitiven Entwicklung, Göttingen 2001

Kutter, Peter: Moderne Psychoanalyse. Eine Einführung in die Psychologie unbewusster Prozesse, Stuttgart ^{3}2000

Nissen, Gerhardt: Depressionen. Ursachen – Erkennung – Behandlung, Stuttgart 1999

Rachman, Stanley: Angst: Diagnose, Klassifikation und Therapie, Bern/Göttingen/Toronto/Seattle 2000

Schacter, Daniel L.: Wir sind Erinnerung. Gedächtnis und Persönlichkeit. Reinbek 2001

Schermer, Franz: Lernen und Gedächtnis, Stuttgart ^{2}1998

Schönpflug, Wolfgang: Geschichte und Systematik der Psychologie, Weinheim 2000

Straub, Jürgen/Kempf, Wilhelm/Werbik, Hans: Psychologie. Eine Einführung. Grundlagen, Methoden, Perspektiven, München ^{3}2000

Straub, Jürgen/Kochinka, Alexander/Werbik, Hans: Psychologie in der Praxis, München 2000

Szagun, Gisela: Sprachentwicklung beim Kind, Weinheim/Basel 61996

Ulich, Dieter: Einführung in die Psychologie, Stuttgart ^{3}2000

Zimardo, Philipp G./Gerrig, Richard J.: Psychologie, Berlin/Heidelberg ^{7}1999

Register